IAMBES

ET

POËMES

DU MÊME AUTEUR

SATIRES ET CHANTS, nouvelle édition comprenant :
    Les chants civils et religieux, les rimes héroïques et les satires dramatiques. 1 vol. grand in-18. 3

JULES CÉSAR, tragédie de Shakspeare, traduite en vers français, nouvelle édition. 1 vol. grand in-18, avec portraits. 3 50

RIMES LÉGÈRES, nouvelle édition. 1 vol. grand in-18. . . . . 3 50

SILVES, poésies diverses. 1 vol. grand in-18. . . . 3 50

PARIS. — J. CLAYE, IMPRIMEUR, 7 RUE SAINT-BENOIT.

IAMBES

ET

POËMES

PAR

AUGUSTE BARBIER

Quinzième Édition

REVUE ET CORRIGÉE

PARIS

E. DENTU, ÉDITEUR

LIBRAIRE DE LA SOCIÉTÉ DES GENS DE LETTRES

PALAIS-ROYAL, 13 ET 17, GALERIE D'ORLÉANS

—

1864

Tous droits réservés

IAMBES

L'auteur a compris sous la dénomination générale d'Iambes toute satyre d'un sentiment amer, et d'un mouvement lyrique : cependant ce titre n'appartient réellement qu'aux vers satiriques composés à l'instar de ceux d'André Chénier. Le mètre employé par ce grand poëte n'est pas précisément l'ïambe des anciens, mais quelque chose qui en rappelle l'allure franche et rapide : c'est le vers de douze syllabes, suivi d'un vers de huit, avec croisement de rimes. Cette combinaison n'était pas inconnue à la poésie française; l'Élégie s'en était souvent servie, mais en forme de stances; c'est ainsi que Gilbert a exhalé ses dernières plaintes.

IAMBES

PROLOGUE

On dira qu'à plaisir je m'allume la joue;
Que mon vers aime à vivre et ramper dans la boue;
Qu'imitant Diogène au cynique manteau,
Devant tout monument je roule mon tonneau;
Que j'insulte aux grands noms, et que ma jeune plume
Sur le peuple et les rois frappe avec amertume :
Que me font, après tout, les vulgaires abois
De tous les charlatans qui donnent de la voix,
Les marchands de pathos et les faiseurs d'emphase,
Et tous les baladins qui dansent sur la phrase?
Si mon vers est trop cru, si sa bouche est sans frein,
C'est qu'il sonne aujourd'hui dans un siècle d'airain.

PROLOGUE.

Le cynisme des mœurs doit salir la parole,

Et la haine du mal enfante l'hyperbole.

Or donc je puis braver le regard pudibond :

Mon vers rude et grossier est honnête homme au fond.

LA CURÉE

I

Oh! lorsqu'un lourd soleil chauffait les grandes dalles
    Des ponts et de nos quais déserts,
Que les cloches hurlaient, que la grêle des balles
    Sifflait et pleuvait par les airs;
Que dans Paris entier, comme la mer qui monte,
    Le peuple soulevé grondait,
Et qu'au lugubre accent des vieux canons de fonte
    La Marseillaise répondait,
Certe, on ne voyait pas, comme au jour où nous sommes,
    Tant d'uniformes à la fois;
C'était sous des haillons que battaient les cœurs d'homme
    C'étaient alors de sales doigts
Qui chargeaient les mousquets et renvoyaient la foudre;
    C'était la bouche aux vils jurons

Qui mâchait la cartouche, et qui, noire de poudre,
    Criait aux citoyens : Mourons !

II

Quant à tous ces beaux fils aux tricolores flammes,
    Au beau linge, au frac élégant,
Ces hommes en corset, ces visages de femmes,
    Héros du boulevard de Gand,
Que faisaient-ils, tandis qu'à travers la mitraille,
    Et sous le sabre détesté,
La grande populace et la sainte canaille
    Se ruaient à l'immortalité ?
Tandis que tout Paris se jonchait de merveilles,
    Ces messieurs tremblaient dans leur peau,
Pâles, suant la peur, et la main aux oreilles,
    Accroupis derrière un rideau.

III

C'est que la Liberté n'est pas une comtesse

Du noble faubourg Saint-Germain,
Une femme qu'un cri fait tomber en faiblesse,
Qui met du blanc et du carmin :
C'est une forté femme aux puissantes mamelles,
A la voix rauque, aux durs appas,
Qui, du brun sur la peau, du feu dans les prunelles,
Agile et marchant à grands pas,
Se plait aux cris du peuple, aux sanglantes mêlées,
Aux longs roulements des tambours,
A l'odeur de la poudre, aux lointaines volées
Des cloches et des canons sourds;
Qui ne prend ses amours que dans la populace,
Qui ne prête son large flanc
Qu'à des gens forts comme elle, et qui veut qu'on l'embrasse
Avec des bras rouges de sang.

IV

C'est la vierge fougueuse, enfant de la Bastille,
Qui jadis, lorsqu'elle apparut
Avec son air hardi, ses allures de fille,

Cinq ans mit tout le peuple en rut;
Qui, plus tard, entonnant une marche guerrière,
Lasse de ses premiers amants,
Jeta là son bonnet, et devint vivandière
D'un capitaine de vingt ans :
C'est cette femme, enfin, qui, toujours belle et nue,
Avec l'écharpe aux trois couleurs,
Dans nos murs mitraillés tout à coup reparue,
Vient de sécher nos yeux en pleurs,
De remettre en trois jours une haute couronne
Aux mains des Français soulevés,
D'écraser une armée et de broyer un trône
Avec quelques tas de pavés.

V

Mais, ô honte! Paris, si beau dans sa colère,
Paris, si plein de majesté
Dans ce jour de tempête où le vent populaire
Déracina la royauté,
Paris, si magnifique avec ses funérailles,

Ses débris d'hommes, ses tombeaux,
Ses chemins dépavés et ses pans de murailles
Troués comme de vieux drapeaux;
Paris, cette cité de lauriers toute ceinte,
Dont le monde entier est jaloux,
Que les peuples émus appellent tous la sainte,
Et qu'ils ne nomment qu'à genoux,
Paris n'est maintenant qu'une sentine impure,
Un égout sordide et boueux,
Où mille noirs courants de limon et d'ordure
Viennent traîner leurs flots honteux;
Un taudis regorgeant de faquins sans courage,
D'effrontés coureurs de salons,
Qui vont de porte en porte, et d'étage en étage,
Gueusant quelque bout de galons;
Une halle cynique aux clameurs insolentes,
Où chacun cherche à déchirer
Un misérable coin de guenilles sanglantes
Du pouvoir qui vient d'expirer.

VI

Ainsi, quand désertant sa bauge solitaire,
  Le sanglier, frappé de mort,
Est là, tout palpitant, étendu sur la terre,
  Et sous le soleil qui le mord;
Lorsque, blanchi de bave et la langue tirée,
  Ne bougeant plus en ses liens,
Il meurt, et que la trompe a sonné la curée
  A toute la meute des chiens,
Toute la meute, alors, comme une vague immense,
  Bondit; alors chaque mâtin
Hurle en signe de joie, et prépare d'avance
  Ses larges crocs pour le festin;
Et puis vient la cohue, et les abois féroces
  Roulent de vallons en vallons;
Chiens courants et limiers, et dogues, et molosses,
  Tout s'élance, et tout crie : Allons !
Quand le sanglier tombe et roule sur l'arène,
  Allons, allons! les chiens sont rois!

Le cadavre est à nous ; payons-nous notre peine,
　　Nos coups de dents et nos abois.
Allons ! nous n'avons plus de valet qui nous fouaille
　　Et qui se pende à notre cou :
Du sang chaud, de la chair, allons, faisons ripaille,
　　Et gorgeons-nous tout notre soûl !
Et tous, comme ouvriers que l'on met à la tâche,
　　Fouillent ses flancs à plein museau,
Et de l'ongle et des dents travaillent sans relâche,
　　Car chacun en veut un morceau ;
Car il faut au chenil que chacun d'eux revienne
　　Avec un os demi-rongé,
Et que, trouvant au seuil son orgueilleuse chienne,
　　Jalouse et le poil allongé,
Il lui montre sa gueule encor rouge, et qui grogne,
　　Son os dans les dents arrêté,
Et lui crie, en jetant son quartier de charogne :
　　« Voici ma part de royauté ! »

　　　　　　　　　　Août 1830.

LE LION

I

J'ai vu pendant trois jours, j'ai vu plein de colère
Bondir et rebondir le lion populaire
Sur le pavé sonnant de la grande cité.
Je l'ai vu tout d'abord, une balle au côté,
Jetant à l'air ses crins et sa gueule vorace,
Mouvoir violemment les muscles de sa face;
J'ai vu son col s'enfler, son orbite rougir,
Ses grands ongles s'étendre, et tout son corps rugir;
Puis je l'ai vu s'abattre à travers la mêlée,
La poudre et les boulets à l'ardente volée,

LE LION.

Sur les marches du Louvre... et là, le poil en sang,
Et les larges poumons lui battant dans le flanc,
La langue toute rouge et la gueule béante,
Haletant, je l'ai vu de sa croupe géante,
Inondant le velours du trône culbuté,
Y vautrer tout du long sa fauve majesté.

II

Alors j'ai vu soudain une foule sans nombre
Se traîner à plat ventre à l'abri de son ombre;
J'ai vu, pâles encor du seul bruit de ses pas,
Mille nains grelottant lui tendre les deux bras;
Alors on caressa ses flancs et son oreille,
On lui baisa le poil, on lui cria merveille,
Et chacun lui léchant les pieds, dans son effroi,
Le nomma son lion, son sauveur et son roi.
Mais, lorsque bien repu de sang et de louange,
Jaloux de secouer les restes de sa fange,
Le monstre à son réveil voulut faire le beau;
Quand, ouvrant son œil jaune et remuant sa peau,

Le crin dur, il voulut, comme l'antique athlète,
Sur son col musculeux dresser sa large tête,
Et les barbes au vent, le front échevelé,
Rugir en souverain, — il était musclé.

Décembre 1830

QUATRE-VINGT-TREIZE

I

Un jour que de l'Etat le vaisseau séculaire,
Fatigué trop longtemps du roulis populaire,
Ouvert de toutes parts, à demi démâté,
Sur une mer d'écueils, sous des cieux sans étoiles,
Au vent de la Terreur qui déchirait ses voiles,
S'en allait échouer la jeune Liberté;

Tous les rois de l'Europe, attentifs au naufrage,
Tremblèrent que la masse, en heurtant leur rivage,
Ne mît du même choc les trônes au néant;

Alors, comme forbans qui guettent une proie,
On les vit tous s'abattre, avec des cris de joie,
Sur les flancs dégarnis du colosse flottant.

Mais lui, tout mutilé des coups de la tempête,
Se dressa sur sa quille, et, relevant la tête,
Hérissa ses sabords d'un peuple de héros,
Et rallumant soudain ses foudres désarmées,
Comme un coup de canon lâcha quatorze armées,
Et l'Europe à l'instant rentra dans son repos.

II

Sombre quatre-vingt-treize, épouvantable année,
De lauriers et de sang grande ombre couronnée,
Du fond des temps passés ne te relève pas!
Ne te relève pas pour contempler nos guerres,
Car nous sommes des nains à côté de nos pères,
Et tu rirais vraiment de nos maigres combats.

Oh! nous n'avons plus rien de ton antique flamme.

Plus de force au poignet, plus de vigueur dans l'âme,
Plus d'ardente amitié pour les peuples vaincus;
Et quand parfois au cœur il nous vient une haine,
Nous devenons poussifs, et nous n'avons d'haleine
Que pour trois jours au plus.

Janvier 1831.

L'ÉMEUTE

Comme un vent orageux, des bruits rauques et sourds
Roulent soudainement de faubourgs en faubourgs;
Les portes des maisons, les fenêtres frémissent,
Les marteaux sur le bronze à grands coups retentissent
La peur frappe partout, et les vieillards tremblants,
Les femmes en désordre, et les petits enfants,
D'un grand œil étonné regardant ce qui passe,
Tout sous les toits voisins pêle-mêle s'entasse,
Se cache, et dans la rue un vaste isolement
Remplace tout à coup ce chaos d'un moment;
Et l'Émeute paraît, l'Émeute au pied rebelle,
Poussant avec la main le peuple devant elle;
L'Émeute aux mille fronts, aux cris tumultueux,

A chaque bond grossit ses rangs impétueux,
Et le long des grands quais, où son flot se déroule,
Hurle en battant les murs comme une femme soûle.

Où va-t-elle aujourd'hui ? De ses sombres clameurs
Va-t-elle épouvanter le sénat en rumeurs ?
Vient-elle secouer sur le front des ministres
Tout le sang répandu pendant les jours sinistres?
Non, l'Émeute à longs flots inondant le saint lieu
Bondit comme un torrent contre les murs de Dieu
La haine du pontife aujourd'hui la travaille;
Son front comme un bélier bat la sainte muraille;
Sur les dalles de pierre, au bas de leurs autels
Roulent confusément les vases immortels.
Adieu le haut parvis, adieu les saints portiques,
Adieu les souvenirs, les croyances antiques!
Tout tombe, tout s'écroule avec la grande croix:
Christ est aux mains des Juifs une seconde fois.

O ma mère patrie! ô déesse plaintive!
Verrons-nous donc toujours dans la ville craintive

Les pâles citoyens déserter leurs foyers?
Toujours les verrons-nous, implacables guerriers
Se livrer dans la paix des guerres intestines?
Les temples verront-ils au pied de leurs ruines,
Comme le marc impur échappé du pressoir,
Des flots de sang chrétien couler matin et soir?
Patrie, ah! si les cris de ta voix éplorée
N'ont plus aucun pouvoir sur la foule égarée;
Si tes gémissements ne sont plus entendus,
Les mamelles au vent et les bras étendus,
Mère désespérée, à la face publique
Viens, déchire à deux mains ta flottante tunique,
Et montre aux glaives nus de tes fils irrités
Les flancs, les larges flancs qui les ont tous portés!

Février 1831.

LA POPULARITÉ

I

Dans le pays de France aujourd'hui que personne
 Ne peut chez soi rester en paix,
Et que de toutes parts l'ambition bourgeonne
 Sur les crânes les plus épais,
Ce n'est que mouvement sur la place publique;
 La voix bruyante et le cœur vain,
Chacun bourdonne autour de l'œuvre politique,
 Chacun y veut mettre la main.
Là, courent tous les gens de bras et de parole,
 Poëte, orateur et soldat,
Tout ce qui veut paraître et jouer quelque rôle
 Dans le grand drame de l'État;

Tout, quel que soit son rang, sa fortune et sa race,
Haletant et pressant le pas,
Sur le pavé fangeux se précipite en masse,
Et vers le peuple tend les bras.

II

Certes le peuple est grand, maintenant que sa tête
A secoué ses mille freins,
Que, l'ouvrage fini, comme un robuste athlète
Il peut s'appuyer sur ses reins;
Il est beau ce colosse à la mâle carrure,
Ce vigoureux porte-haillons,
Ce sublime manœuvre à la veste de bure
Teinte du sang des bataillons;
Ce maçon qui d'un coup vous démolit des trônes
Et qui, par un ciel étouffant,
Sur les larges pavés fait bondir les couronnes
Comme le cerceau d'un enfant !
Mais c'est pitié de voir, avec sa tête rase,
Son corps sans pourpre et sans atour,

Ce peuple demi-nu, comme ceux qu'il écrase,
 Comme les rois avoir sa cour;
Oui, c'est pitié de voir, à genoux sur sa trace,
 Un troupeau de tristes humains
Lui jeter chaque jour tous leurs noms à la face
 Et ne jamais lâcher ses mains;
D'entendre autour de lui mille bouches mielleuses,
 Souillant le nom de citoyen,
Lui dire que le sang orne des mains calleuses
 Et que le rouge lui va bien;
Que l'inflexible loi n'est que son vain caprice,
 Que la justice est dans son bras,
Sans craindre qu'en ses mains l'arme de la justice
 Ne soit l'arme des scélérats.

III

Est-ce donc un besoin de la nature humaine
 Que de toujours courber le dos?
Faut-il du peuple aussi faire une idole vaine,
 Pour l'encenser de vains propos?

A peine relevé faut-il qu'on se rabaisse?
Faut-il oublier avant tout
Que la Liberté sainte est la seule déesse
Que l'on n'adore que debout?
Hélas! nous existons dans un temps de misère,
Un temps à nul autre pareil,
Où la corruption ronge et pourrit sur terre
Tout ce qu'en tire le soleil;
Où dans le cœur humain l'égoïsme déborde,
Où rien de bon n'y fait séjour,
Où partout la vertu montre bientôt la corde,
Où le héros ne l'est qu'un jour;
Un temps où les serments et la foi politique
Ne soulèvent plus que des ris;
Où le sublime autel de la pudeur publique
Jonche le sol de ses débris;
Un vrai siècle de boue, où, plongés que nous sommes
Chacun se vautre et se salit;
Où, comme en un linceul, dans le mépris des hommes
Le monde entier s'ensevelit!

IV

Pourtant, si quelque jour de ces sombres abîmes
Où nous roulons aveuglément,
De ce chaos immense où les âmes sublimes
Apparaissent si rarement,
Soudain et par hasard il en surgissait une
Au large front, au bras charnu,
Une âme toute en fer, sans peur à la tribune,
Sans peur devant un glaive nu ;
Si cette âme splendide, étonnant le vulgaire
Et le frappant de son éclat,
Montait, avec l'appui de la main populaire,
S'asseoir au timon de l'État ;
Alors je lui crirais de ma voix de poëte
Et de mon cœur de citoyen :
Homme placé si haut ne baisse pas la tête
Marche, marche et n'écoute rien !
Laisse le peuple en bas applaudir à ton rôle
Et se repaître de ton nom ;

Laisse-le te promettre un jour même l'épaule
> Pour te porter au Panthéon !

Marche ! et ne pense pas à son temple de pierre ;
> Souviens-toi que, changeant de goût,

Sa main du Panthéon peut chasser ta poussière
> Et la balayer dans l'égout !

Marche pour la patrie et sans qu'il nous en coûte
> Marche en ta force et le front haut ;

Et dût ton pied heurter à la fin de ta route
> Le seuil sanglant d'un échafaud,

Dût ta sublime tête, ô royale victime !
> Tomber au bruit d'un vil tambour ;

Du peuple quel qu'il soit ne cherche que l'estime,
> Ne redoute que son amour !...

V

La popularité ! — c'est la grande impudique
> Qui tient dans ses bras l'univers,

Qui le ventre au soleil, comme la nymphe antique,
> Livre à qui veut ses flancs ouverts !

C'est la mer ! c'est la mer ! — d'abord calme et sereine,
    La mer, aux premiers feux du jour,
Chantant et souriant comme une jeune reine,
    La mer blonde et pleine d'amour;
La mer baisant le sable, et parfumant la rive
    Du baume enivrant de ses flots,
Et berçant sur sa gorge ondoyante et lascive
    Son peuple brun de matelots;
Puis la mer furieuse et tombée en démence,
    Et de son lit silencieux
Se redressant géante, et de sa tête immense
    Allant frapper les sombres cieux;
Puis courant çà et là, hurlante, échevelée,
    Et sous la foudre et ses carreaux
Bondissant, mugissant dans sa plaine salée,
    Comme un combat de cent taureaux,
Puis, le corps tout blanchi d'écume et de colère,
    La bouche torse, l'œil errant,
Se roulant sur le sable et déchirant la terre
    Avec le râle d'un mourant;
Et, comme la bacchante, enfin lasse de rage,

N'en pouvant plus et sur le flanc
Retombant dans sa couche, et lançant à la plage
Des têtes d'hommes et du sang!...

Février 1831.

L'IDOLE

1

Allons, chauffeur, allons, du charbon, de la houille,
    Du fer, du cuivre et de l'étain ;
Allons, à large pelle, à grands bras plonge et fouille,
    Nourris le brasier, vieux Vulcain :
Donne force pâture à l'avide fournaise ;
    Car pour mettre ses dents en jeu,
Pour tordre et dévorer le métal qui lui pèse,
    Il lui faut le palais en feu.
C'est bien, voici la flamme ardente, folle, immense,
    Implacable et couleur de sang,
Qui tombe de la voûte, et l'assaut qui commence,

Chaque lingot se prend au flanc ;
Et ce ne sont que bonds, rugissements, délire,
Cuivre sur plomb et plomb sur fer ;
Tout s'allonge, se tord, s'embrasse et se déchire
Comme des damnés en enfer.
Enfin l'œuvre est finie, enfin la flamme est morte,
La fournaise fume et s'éteint,
L'airain bouillonne à flots ; chauffeur, ouvre la porte
Et laisse passer le hautain !
O fleuve impétueux ! mugis et prends ta course,
Sors de ta loge, et d'un élan,
D'un seul bond lance-toi comme un flot de la source,
Comme une flamme du volcan !
La terre ouvre son sein à tes vagues de lave ;
Précipite en bloc ta fureur,
Dans le moule profond, bronze, descends esclave,
Tu vas remonter empereur.

II

Encor Napoléon ! encor sa grande image !

Ah! que ce rude et dur guerrier
Nous a coûté de sang, de larmes et d'outrage
Pour quelques rameaux de laurier!
Ce fut un triste jour pour la France abattue,
Quand du haut de son piédestal,
Comme un voleur honteux, son antique statue
Pendit sous un chanvre brutal.
Alors on vit au pied de la haute colonne,
Courbé sur un câble grinçant,
L'étranger, au long bruit d'un hourra monotone,
Ébranler le bronze puissant;
Et quand sous mille efforts, la tête la première,
Le bloc superbe et souverain
Précipita sa chute, et sur la froide pierre
Roula son cadavre d'airain;
Le Hun, le Hun stupide, à la peau sale et rance,
L'œil plein d'une basse fureur,
Aux rebords des ruisseaux, devant toute la France,
Traîna le front de l'empereur.
Ah! pour celui qui porte un cœur sous la mamelle
Ce jour pèse comme un remord;

Au front de tout Français, c'est la tache éternelle
Qui ne s'en va qu'avec la mort.
J'ai vu l'invasion à l'ombre de nos marbres
Entasser ses lourds chariots;
Je l'ai vue arracher l'écorce de nos arbres,
Pour la jeter à ses chevaux;
J'ai vu l'homme du Nord, à la lèvre farouche,
Jusqu'au sang nous meurtrir la chair,
Nous manger notre pain, et jusque dans la bouche
S'en venir respirer notre air;
J'ai vu, jeunes Français, ignobles libertines,
Nos femmes, belles d'impudeur,
Aux regards d'un Cosaque étaler leurs poitrines,
Et s'enivrer de son odeur :
Eh bien! dans tous ces jours d'abaissement, de peine,
Pour tous ces outrages sans nom,
Je n'ai jamais chargé qu'un être de ma haine...
Sois maudit, ô Napoléon!

III

O Corse à cheveux plats ! que ta France était belle
  Au grand soleil de messidor !
C'était une cavale indomptable et rebelle,
  Sans frein d'acier ni rênes d'or ;
Une jument sauvage à la croupe rustique,
  Fumante encor du sang des rois,
Mais fière, et d'un pied fort heurtant le sol antique,
  Libre pour la première fois.
Jamais aucune main n'avait passé sur elle
  Pour la flétrir et l'outrager ;
Jamais ses larges flancs n'avaient porté la selle
  Et le harnais de l'étranger ;
Tout son poil était vierge, et, belle vagabonde,
  L'œil haut, la croupe en mouvement,
Sur ses jarrets dressée, elle effrayait le monde
  Du bruit de son hennissement.
Tu parus, et sitôt que tu vis son allure,
  Ses reins si souples et dispos,

Centaure impétueux, tu pris sa chevelure,
  Tu montas botté sur son dos.
Alors, comme elle aimait les rumeurs de la guerre,
  La poudre, les tambours battants,
Pour champ de course, alors, tu lui donnas la terre
  Et des combats pour passe-temps :
Alors, plus de repos, plus de nuits, plus de sommes ;
  Toujours l'air, toujours le travail,
Toujours comme du sable écraser des corps d'hommes,
  Toujours du sang jusqu'au poitrail.
Quinze ans son dur sabot, dans sa course rapide,
  Broya les générations ;
Quinze ans elle passa, fumante, à toute bride,
  Sur le ventre des nations ;
Enfin, lasse d'aller sans finir sa carrière,
  D'aller sans user son chemin,
De pétrir l'univers, et comme une poussière
  De soulever le genre humain ;
Les jarrets épuisés, haletante et sans force,
  Près de fléchir à chaque pas,
Elle demanda grâce à son cavalier corse ;

L'IDOLE.

Mais, bourreau, tu n'écoutas pas !
Tu la pressas plus fort de ta cuisse nerveuse ;
Pour étouffer ses cris ardents,
Tu retournas le mors dans sa bouche baveuse,
De fureur tu brisas ses dents ;
Elle se releva : mais un jour de bataille,
Ne pouvant plus mordre ses freins,
Mourante, elle tomba sur un lit de mitraille
Et du coup te cassa les reins.

IV

Maintenant tu renais de ta chute profonde :
Pareil à l'aigle radieux,
Tu reprends ton essor pour dominer le monde,
Ton image remonte aux cieux.
Napoléon n'est plus ce voleur de couronne,
Cet usurpateur effronté,
Qui serra sans pitié, sous les coussins du trône,
La gorge de la Liberté ;
Ce triste et vieux forçat de la Sainte-Alliance

L'IDOLE.

Qui mourut sur un noir rocher,
Traînant comme un boulet l'image de la France
Sous le bâton de l'étranger;
Non, non, Napoléon n'est plus souillé de fanges :
Grâce aux flatteurs mélodieux,
Aux poëtes menteurs, aux sonneurs de louanges,
César est mis au rang des dieux.
Son image reluit à toutes les murailles ;
Son nom dans tous les carrefours
Résonne incessamment, comme au fort des batailles
Il résonnait sur les tambours.
Puis de ces hauts quartiers où le peuple foisonne,
Paris, comme un vieux pèlerin,
Redescend tous les jours au pied de la colonne
Abaisser son front souverain.
Et là, les bras chargés de palmes éphémères,
Inondant de bouquets de fleurs
Ce bronze que jamais ne regardent les mères,
Ce bronze grandi sous leurs pleurs;
En veste d'ouvrier, dans son ivresse folle,
Au bruit du fifre et du clairon,

Paris d'un pied joyeux danse la carmagnole
>   Autour du grand Napoléon.

V

Ainsi, passez, passez, monarques débonnaires,
>   Doux pasteurs de l'humanité ;
Hommes sages, passez comme des fronts vulgaires
>   Sans reflet d'immortalité !
Du peuple vainement vous allégez la chaîne ;
>   Vainement, tranquille troupeau,
Le peuple sur vos pas, sans sueur et sans peine,
>   S'achemine vers le tombeau :
Sitôt qu'à son déclin votre astre tutélaire
>   Épanche son dernier rayon,
Votre nom qui s'éteint sur le flot populaire
>   Trace à peine un léger sillon.
Passez, passez, pour vous point de haute statue :
>   Le peuple perdra votre nom ;
Car il ne se souvient que de l'homme qui tue
>   Avec le sabre ou le canon ;

Il n'aime que le bras qui dans des champs humides
  Par milliers fait pourrir ses os ;
Il aime qui lui fait bâtir des Pyramides,
  Porter des pierres sur le dos.
Passez ! le peuple, c'est la fille de taverne,
  La fille buvant du vin bleu,
Qui veut dans son amant un bras qui la gouverne,
  Un corps de fer, un œil de feu,
Et qui, dans son taudis, sur sa couche de paille,
  N'a d'amour chaud et libertin
Que pour l'homme hardi qui la bat et la fouaille
  Depuis le soir jusqu'au matin.

      Mai 1831.

VARSOVIE

I

LA GUERRE.

Mère! il était une ville fameuse :
Avec le Hun j'ai franchi ses détours,
J'ai démoli son enceinte fumeuse,
Sous le boulet j'ai fait crouler ses tours.
J'ai promené mes chevaux par les rues,
Et sous le fer de leurs rudes sabots
J'ai labouré le corps des femmes nues
Et des enfants couchés dans les ruisseaux.
J'ai sur la borne, au plus fort du carnage,

VARSOVIE.

Le corps frotté de suif et de saindoux,
Brutalement et le front tout en nage,
Sur un sein vierge essuyé mon poil roux ;
Puis, j'ai traîné sur mes pas l'Incendie ;
Et le géant, hurlant matin et soir,
A nettoyé de sa langue hardie
Les pans de mur inondés de sang noir.

Hourra ! hourra ! j'ai courbé la rebelle,
J'ai largement lavé mon vieil affront,
J'ai vu des morts à hauteur de ma selle ;
Hourra ! j'ai mis les deux pieds sur son front.

Tout est fini, maintenant, et ma lame
Pend inutile à côté de mon flanc,
Tout a passé par le fer et la flamme,
Toute muraille a sa tache de sang :
Les maigres chiens, aux saillantes échines,
Dans les ruisseaux n'ont plus rien à lécher ;
Tout est désert, l'herbe pousse aux ruines ;
O mort ! ô mort ! je n'ai rien à faucher.

I

LE CHOLÉRA-MORBUS.

Mère ! il était un peuple plein de vie,
Un peuple ardent et fou de liberté...
Eh bien ! soudain des champs de Moscovie
Je l'ai frappé de mon souffle empesté.
Alors, alors, dans les plaines humides
Le fossoyeur a levé ses grands bras,
Et par milliers les cadavres livides
Comme de l'herbe ont encombré ses pas.
Mieux que la balle et les larges mitrailles,
Mieux que la flamme et l'implacable faim,
J'ai déchiré les mortelles entrailles,
J'ai souillé l'air et corrompu le pain.
J'ai tout noirci de mon haleine errante,
De mon contact j'ai tout empoisonné ;
Sur le teton de sa mère expirante
Tout endormi j'ai pris le nouveau-né.

J'ai dévoré même au sein de la guerre
Des camps entiers de carnage fumants;
J'ai frappé l'homme au bruit de son tonnerre,
J'ai fait combattre entre eux des ossements.

Enfin, partout l'humaine créature
Sur un sol nu, sanglant et crevassé,
Gît maintenant pleine de pourriture,
Comme un chien mort au revers d'un fossé.

Partout, partout le corbeau noir becquète,
Partout les vers ont des corps à manger;
Pas un vivant, et partout un squelette...
O mort! ô mort! je n'ai rien à ronger.

III

LA MORT.

Tristes fléaux, créatures hideuses,
Oh! mes enfants, de moi que voulez-vous?
Cessez, cessez vos plaintes hasardeuses,
Et sur la pierre étendez vos genoux.

Le sang toujours ne peut rougir la terre,

Les chiens toujours ne peuvent pas lécher;

Il est un temps où la peste et la guerre

Ne trouvent plus de vivants à faucher;

Il est un jour où la chair manque au monde,

Où, sur le sol, le mal toujours ardent,

Comme sur l'os d'une charogne immonde

Ne trouve plus à repaître sa dent.

Enfants hideux, couchez-vous dans mon ombre,

Et sur la pierre étendez vos genoux :

Dormez, dormez! sur notre globe sombre,

Tristes fléaux, je veillerai pour vous.

Dormez, dormez! je prêterai l'oreille

Au moindre bruit par le vent apporté :

Et quand de loin, comme un vol de corneille,

S'élèveront des cris de liberté;

Quand j'entendrai de pâles multitudes,

Des peuples nus, des milliers de proscrits,

Jeter à bas leurs vieilles servitudes,

En maudissant leurs tyrans abrutis;

Enfants hideux, pour finir votre somme

Comptez sur moi, car j'ai l'œil creux, jamais
Je ne m'endors, et ma bouche aime l'homme
Comme le Tzar aime les Polonais.

1831.

DANTE

Dante, vieux Gibelin ! quand je vois en passant
Le plâtre blanc et mat de ce masque puissant
Que l'art nous a laissé de ta divine tête,
Je ne puis m'empêcher de frémir, ô poëte !
Tant la main du génie et celle du malheur
Ont imprimé sur toi le sceau de la douleur.
Sous l'étroit chaperon qui presse tes oreilles,
Est-ce le pli des ans ou le sillon des veilles
Qui traverse ton front si laborieusement ?
Est-ce au champ de l'exil, dans l'avilissement,
Que ta bouche s'est close à force de maudire ?
Ta dernière pensée est-elle en ce sourire

Que la mort sur ta lèvre a cloué de ses mains?
Est-ce un ris de pitié sur les pauvres humains?
Ah! le mépris va bien à la bouche de Dante,
Car il reçut le jour dans une ville ardente,
Et le pavé natal fut un champ de graviers
Qui déchira longtemps la plante de ses pieds.
Dante vit, comme nous, les passions humaines
Rouler autour de lui leurs fortunes soudaines;
Il vit les citoyens s'égorger en plein jour,
Les partis écrasés renaître tour à tour;
Il vit sur les bûchers s'allumer les victimes;
Il vit pendant trente ans passer des flots de crimes,
Et le mot de patrie à tous les vents jeté,
Sans profit pour le peuple et pour la liberté.
O Dante Alighieri, poëte de Florence,
Je comprends aujourd'hui ta mortelle souffrance;
Amant de Béatrice, à l'exil condamné,
Je comprends ton œil cave et ton front décharné,
Le dégoût qui te prit des choses de ce monde,
Ce mal de cœur sans fin, cette haine profonde
Qui, te faisant atroce en te fouettant l'humeur,

Inondèrent de bile et ta plume et ton cœur.

Aussi, d'après les mœurs de ta ville natale,

Artiste, tu peignis une toile fatale,

Et tu fis le tableau de sa perversité

Avec tant d'énergie et tant de vérité,

Que les petits enfants qui le jour, dans Ravenne,

Te voyaient traverser quelque place lointaine,

Disaient en contemplant ton front livide et vert :

Voilà, voilà celui qui revient de l'enfer !

1831.

MELPOMÈNE

A M. Alfred de Vigny.

I

O fille d'Euripide, ô belle fille antique,
O muse ! qu'as-tu fait de ta blanche tunique ?
Prêtresse du saint temple, oh ! que sont devenus
Les ornements sacrés qui couvraient tes pieds nus,
Et les cheveux dorés relevés sur ta tête,
Et le grave cothurne, et la lyre poëte,
Et les voiles de lin en ta marche à longs plis
Flottant et balayant les dalles du parvis,
Et le fleuve éternel de tes larmes pieuses,
Et tes sanglots divins, douleurs harmonieuses ?
O belle fille antique, ô toi qu'on adorait !
De tes chastes habits, prêtresse, qu'as-tu fait ?

Tu les as échangés contre des haillons sales;
Ton beau corps est tombé dans la fange des halles,
Et ta bouche, oubliant l'idiome de miel
Qu'elle semblait puiser dans les concerts du ciel,
Ta bouche, aux passions du peuple descendue,
S'est ouverte aux jurons de la fille perdue.

II

C'en est fait aujourd'hui de la beauté de l'art !
Car l'immoralité levant un œil hagard
Se montre hardiment dans les jeux populaires.
Les théâtres partout sont d'infâmes repaires,
Des temples de débauche, où le vice éhonté
Donne pour tous les prix leçon d'impureté.
C'est à qui chaque soir sur leurs planches banales
Étalera le plus d'ordures, de scandales,
A qui déroulera dans un roman piteux
Des plus grossières mœurs les traits les plus honteux,
Et, sans respect aucun pour la femme et pour l'âge,
Fera monter le plus de rougeur au visage.

Allez, homme au cœur pur, allez en curieux
Heurter vos pieds, le soir, à tous ces mauvais lieux;
Dans ces antres infects descendez quand la brume
Sur la grande cité comme un falot s'allume;
Vous verrez au milieu d'un fleuve de sueur,
Sous un pâle soleil et sa jaune lueur,
Sans haleine, sans pouls, et les lèvres muettes,
Tout un peuple accroupi sur de noires banquettes,
Écoutant à plaisir la langue des bourreaux,
Apprivoiser ses yeux au sang des échafauds.
Vous y verrez, sous l'œil du père de famille,
De lubriques tableaux enseigner à sa fille
Comment sur un sopha, sans remords et sans peur,
On ouvre à tout venant et sa jambe et son cœur;
Comment font les deux mains d'un homme qui viole;
Comment à ses transports une femme s'immole;
Et les femmes, au bout de ces drames impurs,
Haletantes encor, l'œil en feu, les seins durs,
D'un pied lent désertant la salle solitaire
Regagner leurs foyers en rêvant l'adultère.
Voilà, voilà pourtant l'air fétide, empesté,

Que l'art de ses rameaux verse sur la cité ;

L'air malsain que Paris, comme une odeur divine,

Vient humer chaque soir de toute sa poitrine !

Arbre impur ! on dirait que ton front dégarni

Ne porte plus au ciel qu'un feuillage jauni ;

Et que les fruits tombés de ta branche sonore,

Comme ceux qui poussaient aux arbres de Gomorrhe,

Sous la lèvre du peuple amers et tout flétris,

Ne sont que cendre sèche et que germes pourris !

III

Ah ! dans ces temps maudits, les citoyens iniques

Ne sont pas tous errants sur les places publiques ;

Ce ne sont pas toujours ces rudes affamés

Aux seins poilus, aux bras péniblement armés,

Ces pauvres ouvriers hurlant comme une meute,

Et que le ventre seul entraîne dans l'émeute ;

Ces hommes de ruine et de destruction

Ne soufflent pas le vent de la corruption ;

Leur bras n'atteint jamais que l'aride matière :

Ils ébranlent le marbre, ils attaquent la pierre ;
Et quand le mur battu tombe sur le côté,
Leur torrent passe et fuit comme un torrent d'été.
Mais les hommes pervers, mais les hommes coupables,
Dont le pied grave au sol des traces plus durables,
Ce sont tous ces auteurs qui, le scalpel en main,
Cherchent, les yeux ardents, au fond du cœur humain,
La fibre la moins pure et la plus sale veine
Pour en faire jaillir des flots d'or à main pleine.
Les uns vont calculant, du fond du cabinet,
D'un spectacle hideux le produit brut et net ;
D'autres aux ris du peuple, aux brocards de l'école,
Promènent sans pitié l'encensoir et l'étole ;
D'autres, déshabillant la céleste pudeur,
Ne laissent pas un voile à l'humaine candeur.
Puis viennent les goujats de la littérature
Qui, portant le marteau sur toute sépulture,
Courent de siècle en siècle arracher par lambeaux
Les crimes inouïs qui dorment aux tombeaux ;
Sombres profanateurs avides de dépouilles,
Ils n'attendent pas même au milieu de leurs fouilles

Que la terre qui tombe ait refroidi les morts;
De la fosse encor fraîche ils retirent les corps,
Et sans crainte de Dieu, leur bras, leur bras obscène
Les livre encor tout chauds aux clameurs de la scène.

IV

Ils ne savent donc pas, ces vulgaires rimeurs,
Quelle force ont les arts pour démolir les mœurs,
Que l'encre dégouttant de leurs plumes grossières
Renoircit tous les cœurs blanchis par les lumières;
Combien il est affreux d'empoisonner le bien,
Et de porter le nom de mauvais citoyen!
Ils ne savent donc pas la sanglante torture
De se dire à part soi : J'ai fait une œuvre impure;
Et de voir ses enfants à la face du ciel
Baisser l'œil et rougir du renom paternel!
Non, le gain les excite et l'argent les enfièvre,
L'argent leur clôt les yeux et leur salit la lèvre;
L'argent, l'argent fatal, dernier dieu des humains,
Les prend par les cheveux, les secoue à deux mains,

Les pousse dans le mal, et pour un vil salaire
Les mettrait les deux pieds sur le corps de leur père.
Honte à eux ! car, trop loin de l'atteinte des lois,
L'honnête homme peut seul les flétrir de sa voix !
Honte à eux ! car jamais leur main ne s'est lassée
A couvrir de laideur l'immortelle pensée !
De l'art, de l'art divin, ce bel enfant des cieux,
Créé pour enseigner la parole des dieux,
Ils ont fait sur la terre un monstre, un cul-de-jatte,
Tronçon d'homme manqué, marchant à quatre pattes,
Et montrant aux passants des moignons tout sanglants,
Et l'ulcère hideux qui lui ronge les flancs !

1831

LE RIRE

Nous avons tout perdu, tout, jusqu'à ce gros rire
Gonflé de gaîté franche et de bonne satire,
Ce rire d'autrefois, ce rire des aïeux
Qui jaillissait du cœur comme un flot de vin vieux :
Le rire sans envie et sans haine profonde,
Pour n'y plus revenir, est parti de ce monde.
Quel compère joyeux que le rire autrefois !
Maintenant il est triste, il chante à demi-voix,
Il incline la tête et se pince la lèvre ;
Chaque pli de sa bouche est creusé par la fièvre :
Adieu le vin, l'amour, et les folles chansons !
Adieu les grands éclats, les longues pâmoisons !

Plus de garçon joufflu, bien frais, et dans sa gloire
Chantant à plein gosier les belles après boire;
Près d'un jambon fumé plus de baisers d'époux,
Plus de bruyants transports, plus de danses de fous,
Plus de boutons rompus, plus de bouffonnerie :
Mais du cynisme à force et de l'effronterie,
De la bile à longs flots, des traits froids et mordants,
Comme au fond de l'enfer des grincements de dents,
Et puis la lâcheté, l'insulte à la misère,
Et des coups au vaincu, des coups à l'homme à terre...

Ah! pour venir à nous le front morne et glacé,
Par quels affreux chemins, vieux Rire, as-tu passé?
Les éclats de ta voix, comme hurlements sombres
Ont retenti longtemps à travers des décombres;
Dans les villes en pleurs, sur le blé des sillons,
Ils ont réglé longtemps le pas des bataillons;
Longtemps ils ont mêlé leurs notes infernales
Au bruit du fer tombant sur les têtes royales,
Et, suivant dans Paris le fatal tombereau,
Mené plus d'un grand homme au panier du bourreau.

LE RIRE.

Rire! tu fus l'adieu qu'en délaissant la terre
De son lit de douleur laissa tomber Voltaire;
Rire de singe assis sur la destruction,
Marteau toujours brûlant de démolition :
Depuis ce jour, Paris te remue à toute heure,
Et sous tes coups puissants rien de grand ne demeure!

Ah! malheur au talent plein de vie et d'amour
Qui veut se faire place et paraître au grand jour!
Malheur, malheur cent fois à la muse choisie
Qui veut livrer son aile au vent de poésie!
En vain elle essaîra, dédaigneuse du sol,
Sur le bruit des cités de prendre son beau vol,
Le rire à l'œil stupide est là qui la regarde,
Et qui, jaloux des lieux où son pied se hasarde,
Comme vapeur mauvaise, ou comme plomb mortel,
Montera la frapper aux campagnes du ciel;
Et cette âme perdue aux voûtes éternelles,
Qui, devant le soleil ouvrant ses larges ailes,
Allait, dans son transport, chez la Divinité
Exhaler un chant fait pour l'immortalité;

Pauvre âme, atteinte encore au bord de la carrière,
Triste, penchant la tête et fermant la paupière,
Elle retombera dans son cloaque impur,
Et s'en ira bien loin vers quelque coin obscur,
Gémissante, traînant l'aile et perdant sa plume,
Mourir avant le temps, le cœur gros d'amertume.

1831.

LA CUVE

Il est, il est sur terre une infernale cuve,
On la nomme Paris; c'est une large étuve,
Une fosse de pierre aux immenses contours
Qu'une eau jaune et terreuse enferme à triples tours;
C'est un volcan fumeux et toujours en haleine
Qui remue à longs flots de la matière humaine;
Un précipice ouvert à la corruption,
Où la fange descend de toute nation,
Et qui de temps en temps, plein d'une vase immonde,
Soulevant ses bouillons, déborde sur le monde.

Là, dans ce trou boueux, le timide soleil
Vient poser rarement un pied blanc et vermeil;
Là, les bourdonnements nuit et jour dans la brume
Montent sur la cité comme une vaste écume;
Là, personne ne dort, là, toujours le cerveau
Travaille, et, comme l'arc, tend son rude cordeau.
On y vit un sur trois, on y meurt de débauche;
Jamais, le front huilé, la mort ne vous y fauche,
Car les saints monuments ne restent dans ce lieu
Que pour dire : Autrefois il existait un Dieu.

Là, tant d'autels debout ont roulé de leurs bases,
Tant d'astres ont pâli sans achever leurs phases,
Tant de cultes naissants sont tombés sans mûrir,
Tant de grandes vertus, là, s'en vinrent pourrir,
Tant de chars meurtriers creusèrent leur ornière,
Tant de pouvoirs honteux rougirent la poussière,
De révolutions au vol sombre et puissant
Crevèrent coup sur coup leurs nuages de sang,
Que l'homme, ne sachant où rattacher sa vie,

Au seul amour de l'or se livre avec furie.

Misère! Après mille ans de bouleversements,
De secousses sans nombre et de vains errements,
De cultes abolis et de trônes superbes
Dans les sables perdus et couchés dans les herbes,
Le Temps, ce vieux coureur, ce vieillard sans pitié,
Qui va par toute terre écrasant sous le pié
Les immenses cités regorgeantes de vices,
Le Temps, qui balaya Rome et ses immondices,
Retrouve encore, après deux mille ans de chemin,
Un abîme aussi noir que le cuvier romain.

Toujours même fracas, toujours même délire,
Même foule de mains à partager l'empire;
Toujours même troupeau de pâles sénateurs,
Mêmes flots d'intrigants et de vils corrupteurs;
Même dérision du prêtre et des oracles,
Même appétit des jeux, même soif des spectacles;
Toujours même impudeur, même luxe effronté,
Dans le haut et le bas même immoralité,

Mêmes débordements, mêmes crimes énormes,
Moins l'air de l'Italie et la beauté des formes.

La race de Paris, c'est le pâle voyou
Au corps chétif, au teint jaune comme un vieux sou;
C'est cet enfant criard que l'on voit à toute heure
Paresseux et flânant, et loin de sa demeure
Battant les maigres chiens, ou le long des grands murs
Charbonnant en sifflant mille croquis impurs;
Cet enfant ne croit pas, il crache sur sa mère,
Le nom du ciel pour lui n'est qu'une farce amère;
C'est le libertinage enfin en raccourci;
Sur un front de quinze ans c'est le vice endurci.

Et pourtant il est brave, il affronte la foudre,
Comme un vieux grenadier il mange de la poudre,
Il se jette au canon en criant : Liberté!
Sous la balle et le fer il tombe avec beauté.
Mais que l'Émeute aussi passe devant sa porte,
Soudain l'instinct du mal le saisit et l'emporte,
Le voilà grossissant les bandes de vauriens,

Molestant le repos des tremblants citoyens,
Et hurlant, et le front barbouillé de poussière,
Prêt à jeter à Dieu le blasphème et la pierre.

O race de Paris, race au cœur dépravé,
Race ardente à mouvoir du fer ou du pavé !
Mer, dont la grande voix fait trembler sur les trônes,
Ainsi que des fiévreux, tous les porte-couronnes !
Flot hardi qui trois jours s'en va battre les cieux,
Et qui retombe après, plat et silencieux !
Race unique en ce monde ! effrayant assemblage
Des élans du jeune homme et des crimes de l'âge ;
Race qui joue avec le mal et le trépas,
Le monde entier t'admire et ne te comprend pas !

Il est, il est sur terre une infernale cuve,
On la nomme Paris ; c'est une large étuve,
Une fosse de pierre aux immenses contours
Qu'une eau jaune et terreuse enferme à triples tours ;
C'est un volcan fumeux et toujours en haleine
Qui remue à longs flots de la matière humaine

LA CUVE.

Un précipice ouvert à la corruption,

Où la fange descend de toute nation,

Et qui de temps en temps, plein d'une vase immonde,

Soulevant ses bouillons, déborde sur le monde.

1831

DESPERATIO

I.

Comme tout jeune cœur encor vierge de fiel,
J'ai demandé d'abord ma poésie au ciel :
Hélas! il n'en tomba qu'une réponse amère...
Pauvre fou! cria-t-il, que la pensée altère,
Toi qui, haussant vers moi tes deux lèvres en feu,
Cherches, comme un peu d'eau, le pur souffle de Dieu,
Oh! de moi n'attends plus de célestes haleines;
Car le vent de la terre a desséché mes plaines,
Il a brûlé mes fleurs, et dans son vol fougueux
Fait mon sein plus pelé que la nuque d'un gueux.

L'encens humain parfois a beau fumer encore,
Ce n'est qu'un souvenir qui bientôt s'évapore;
Il retombe à la terre, et ne va pas plus haut
Que la voûte du temple et son froid échafaud.
L'homme enfin ne peut plus parler avec les anges;
J'ai perdu tous mes saints, mes vierges, mes archanges,
Tout ce peuple du ciel qu'aux regards des humains
Un homme aimé de Dieu, poëte aux belles mains,
Raphaël, fit souvent descendre sur ses toiles;
Tout est mort maintenant : par delà mes étoiles,
Par delà mon soleil nul écho ne répond,
Et l'on ne trouve plus qu'un abîme profond,
Un vaste et sombre anneau sans chaton et sans pierre,
Un gouffre sans limite, une nuit sans lumière,
Une fosse béante, un immense cercueil,
Et l'orbite sans fond dont l'homme a crevé l'œil.

II

Plus de Dieu, rien au ciel! ah! malheur et misère!
Sans les cieux maintenant qu'est-ce donc que la terre? —

DESPERATIO.

La terre ! ce n'est plus qu'un triste et mauvais lieu,
Un tripot dégoûtant où l'or a tué Dieu,
Où, mourant d'une faim qui n'est point assouvie,
L'homme a jauni sa face et décharné sa vie,
Où, vidant là son cœur, liberté, ciel, amour,
L'infâme a tout joué, tout perdu sans retour;
Un ignoble clapier de débauche et de crime,
Que la mort, à mon gré, trop lentement décime;
Un cloaque bourbeux, un sol gras et glissant,
Où, lorsque le pied coule, on tombe dans le sang;
Les débris d'un banquet où, la face rougie,
Roule la brute humaine; — une effroyable orgie !
Là sans frein, sans remords et prête à tout métier,
La femelle s'étale à qui veut la payer;
Quant au mâle il en rit, il blasphème, il parjure,
Il jette à tout visage et la boue et l'injure;
Il tue, il démolit, il monte sur l'autel;
Sur l'or saint du calice il pose un pied charnel
Puis il maudit tout haut la santé de son père,
Et même, encore plein du teton de sa mère,
Sa première parole, en sortant du maillot,

Est pour lui souhaiter qu'on l'enterre bientôt :
Tant la cupidité le travaille et le mange,
Tant l'or, ce dieu de boue, emplit son cœur de fange,
Tant le souffle du mal sur son front abattu
Avant le premier poil fait tomber la vertu !

III

Ainsi donc jette bas toute sainte pensée ;
Comme un épais manteau dont l'épaule est blessée,
Comme un mauvais bâton dont tu n'as plus besoin,
Au premier carrefour jette-la dans un coin ;
Puis abaisse la tête et rentre dans la foule.
Là, sans but, au hasard comme une eau qui s'écoule,
Loin, bien loin des sentiers battus par ton aïeul,
Dans ce monde galeux passe et marche tout seul ;
Ne presse aucune main, aucun front sur ta route,
Le cœur vide et l'œil sec, si tu peux, fais-la toute,
Et quand viendra le jour où, comme un homme las,
Tout d'un coup malgré toi s'arrêteront tes pas,
Quand le froid de la mort, dénouant ta cervelle,

DESPERATIO.

Dans le creux de tes os fera geler la moelle,
Alors, pour en finir, si par hasard tes yeux
Se relèvent encor sur la voûte des cieux,
Souviens-toi, moribond, que là-haut tout est vide ;
Va dans le champ voisin, prends une pierre aride,
Pose-la sous ta tête, et, sans penser à rien,
Tourne-toi sur le flanc et crève comme un chien.

1831.

LES VICTIMES

Une nuit je rêvais... et dans mon rêve sombre,
　　　　Autour d'un ténébreux autel,
Passaient, passaient toujours des victimes sans nombre,
　　　　Les bras tendus vers l'Éternel.
Toutes avaient au front une trace luisante :
　　　　Toutes, comme un maigre troupeau
Dont le tondeur a pris la toison blanchissante,
　　　　Portaient du rouge sur la peau.
Et toutes, ce n'étaient que vieillards au grand âge,
　　　　Un bâton d'ivoire à la main,
Comme ceux que la mort, en un jour de carnage,
　　　　Trouva sur le fauteuil romain ;
Que jeunes gens amis, à la vaste poitrine,
　　　　Au cœur solide et bien planté,
Frappés, la bouche ouverte, et d'une voix divine
　　　　Chantant la belle Liberté ;
Ce n'étaient que des corps meurtris et noirs de fange,

Du sable encor dans les cheveux,
Et battus bien longtemps, sur une rive étrange,
Des vents et des flots écumeux ;
Ce n'étaient que des flancs consumés par les flammes
Dans le creux des taureaux d'airain,
Que membres déchirés sous mille dents infâmes
Devant le peuple souverain ;
Que des porteurs divins de blessures infimes,
Des sages couronnés d'affront,
Des orateurs sacrés, des poëtes sublimes,
Tombés en se touchant le front ;
Puis des couples d'amants, puis la foule des mères
Traînant leurs enfants par le bras,
Et les petits enfants pleins de larmes amères
Et soupirant à chaque pas ;
Et ces ombres, hélas ! avides de justice,
Plaintives, les mains dans les airs,
Demandaient vainement le prix du sacrifice
Au Dieu puissant de l'univers.

Décembre 1832.

TERPSICHORE

A M. A. Royer.

I

Lorsque la foi brûlante a déserté les âmes,
Que le pur aliment de toutes chastes flammes,
Le nom puissant de Dieu des cœurs s'est effacé,
Et que le pied du vice a partout repassé,
La vie à tous les dos est chose fatigante;
C'est une draperie, une robe traînante
Que chacun à son tour revêt avec dégoût,
Et dont le pan bientôt va flotter dans l'égout.
Quand on ne croit à rien, que faire de la vie?
Que faire de ce bien que la jeunesse envie,
Si l'on ne peut, hélas! l'envoyer vers le ciel,

Comme un encensoir d'or fumant devant l'autel ;

La remplir d'harmonie, et, dans un beau délire,

Des âmes avec Dieu se partager l'empire ;

Ou la teindre de sang, comme un fer redouté,

Aux mains de la patrie et de la liberté ?

Quand le cœur est sans foi, que faire de la vie ?

Alors, alors il faut la barbouiller de lie,

La couvrir de haillons, la charger d'oripeaux,

Comme un ivrogne mort l'enfouir dans les pots ;

Il faut l'user enfin à force de luxure,

Jusqu'au jour où la mort, passant par aventure,

Et la trouvant courbée et vaincue à moitié,

Dans le fossé commun la poussera du pié.

II

Ainsi, du haut des tours les cloches ébranlées,

Battant l'air fortement de leurs pleines volées,

Sur la ville frivole et sans dévotion

Ont beau répandre encor de la religion ;

Les cierges allumés ont beau luire à l'église ;

Et sur l'autel de pierre et sur la dalle grise
Le prêtre a beau frapper de son front pénitent :
Au culte des chrétiens on vit indifférent,
Mais non pas à l'ennui. Toute face tournée
Vers ce triste démon à la main décharnée
Craint toujours de sentir son fade embrassement,
Son baiser glacial, et chacun lestement
De le fuir aussitôt, et de suivre à la trace
La moindre occasion de débauche qui passe,
Le tumulte en la rue, et le rire banal
De l'antique Saturne aux jours du carnaval.

Le carnaval ! jadis cette courte folie
Était de la misère avec un peu de lie,
Des malheureux payés, le long des boulevards,
Poussant des hurlements sous des masques blafards.
Mais les gueux aujourd'hui ne sont plus seuls en scène :
Les beaux noms du pays descendent dans l'arène,
Et, le gosier bardé des plus sales propos,
Des porteurs de la halle ils se font les échos ;
Puis viennent après eux les hommes de pensée ;

Et tous ces curieux de la joie insensée
Le soir vont au théâtre, et, pour se mettre en rut,
Apprennent là, du peuple, à danser le chahut.
Quelle danse et quel nom! D'abord c'est une lutte
Où des lubricités la palme se dispute.
Les violons aigus et les tambours ronflants
Dans un rhythme lascif agitent tous les flancs;
Puis, d'accord avec lui, les haleines fumeuses
Versent à flots épais des paroles vineuses.
Bientôt le masque tombe, ainsi que la pudeur;
La femme ne craint pas de montrer son ardeur,
Tant elle est par la foule et le bruit enivrée,
Et là nulle ne fait la longue et la sucrée.
L'homme attaque la femme, et la femme répond.
La joue en feu, les yeux luisant à chaque bond,
Et la jambe en avant, elle court sur les planches;
Elle arrive sur l'homme en remuant les hanches;
Et l'homme, l'animant du geste et de la voix,
Par ses beaux tordions la met vite aux abois.
Comme un triton fougueux prend une nymphe impure,
Il la saisit au corps, et, forçant la nature,

Simule à tous les yeux ce que les animaux
N'ont jamais inventé dans leurs plaisirs brutaux.
Horreur ! Cette luxure est partout applaudie,
Et l'imitation court comme l'incendie.
Puis la salle chancelle, et d'un élan soudain
Le bal entier se lève, une main dans la main ;
Les corps joignent les corps ; comme une large houle
Sur le plancher criant le galop se déroule.
Alors une poussière immonde, en longs anneaux,
Enveloppe la salle et ternit les flambeaux ;
Le plafond tourne aux yeux ainsi que dans l'ivresse :
La chair a tout vaincu, l'âme n'est plus maîtresse,
Tout cède et s'abandonne à cet emportement,
Car c'est la mer qui gronde en son lit écumant,
C'est le vent qui tournoie en hurlantes rafales,
C'est un troupeau fumant de bouillantes cavales,
C'est la fosse aux lions. — Malheur, hélas ! malheur
Au pied de l'apprenti qui n'a pas de vigueur !
Malheur au faible bras qui délaisse une taille !
Ah ! c'en est fait ici, comme au champ de bataille,
Du maladroit qui tombe ! — à son cri déchirant ;

Aux cris de l'écrasé tout fuit indifférent ;
Personne n'a de cœur en ce moment terrible ;
Et la ronde aux cent pieds, impitoyable, horrible,
Passera sur le corps, et ses bonds furieux
Meurtriront sans effroi le chef-d'œuvre des cieux.

III

O pudeur, ô vertu, douce et belle pensée,
O chevelure d'Ève à longs flots dispersée !
Pudeur, voile de pourpre, adorable manteau,
Déchire-toi devant cet ignoble tableau !
Et toi, mon âme, ainsi qu'une vierge immortelle
Couvrant son front pensif de l'ombre de son aile,
Rentre, rentre en toi-même, et songe amèrement
A quels tristes excès et quel débordement
La chair peut entraîner une race païenne ;
Pense, en ces temps de trouble et de rumeur humaine,
A quels abus de tout, même de liberté,
Peut monter comme un flot un peuple déhonté,
Un peuple qu'aucun frein ne modère et n'arrête,

Et qui, vers de grands buts ne tournant plus la tête,
Et n'ayant plus au cœur de glorieux désirs,
Accoutume sa vie à de sales plaisirs :
Pense à cela, mon âme; et, lorsque ta pensée
Sur un pareil sujet sera tout épuisée,
Jette un large soupir et plains le dévoûment
De quiconque ici-bas se met au monument,
Pour avancer d'un pas le troupeau populaire;
Plains de tout grand mortel le trépas volontaire;
Oh! plains surtout celui qui, souffrant de nos maux,
Gravit l'âpre colline, une croix sur le dos,
Et qui, pour détacher les hommes de la terre,
S'éleva vers le ciel des cimes du Calvaire.

Février 1834.

L'AMOUR DE LA MORT

Hélas ! qui le croirait ? ce fantôme hideux,
Ce monstre à l'œil éteint dans son orbite creux,
Au crâne sans cheveux et souillé de poussière,
Aux membres desséchés et froids comme la pierre,
A la teinte jaunâtre, à cette fade odeur
Qui vous met malgré vous le trouble dans le cœur ;
Tout ce je ne sais quoi qui n'est plus de la vie,
Que ne peut expliquer nulle philosophie,
Et dont l'entier silence et l'immobilité
Révèlent le néant dans sa difformité,
La Mort, ce laid produit de l'antique nature,
La Mort, le vaste effroi de toute créature ;

La Mort a rencontré sur terre un amoureux,
Un être qui l'adore, un amant vigoureux
Qui la serre en ses bras d'une étreinte profane,
L'asseoit sur ses genoux comme une courtisane,
L'entraîne avec ivresse à sa table, à son lit,
Et comme un chaud satyre avec elle s'unit!
Hideux accouplement! aussi de préférence
A tout autre pays la Mort aime la France,
Et depuis cinquante ans devant ses yeux ont tort
Les barbares excès des peuplades du Nord.
Que lui font les baisers de la vieille Angleterre?
Il est vrai qu'elle sait auprès d'un pot de bière
A son cou froidement attacher un cordon,
Ou se faire sauter la tête avec du plomb;
Mais la France vaut mieux et lui plaît davantage.
C'est là qu'au suicide, au duel on s'encourage;
C'est là, malgré Gilbert et son vers immortel,
Que l'on court voir encor mourir un criminel;
Là que la politique aux sanglantes chimères
Vient sans peur essayer ses formes éphémères;
Là que l'on a dressé l'abattoir social;

Enfin le sol chéri du meurtrier brutal,
Et le seul lieu sur terre où peut-être sans haine
On attente en riant à toute vie humaine;
Comme si ce feu pur éteint si lestement
Pouvait se rallumer à tout commandement,
Et comme si les forts, les puissants de ce monde,
Tous les bras musculeux de la planète ronde,
Pouvaient dans leur vigueur retendre le cordeau
Que la Parque a tranché de son fatal ciseau !

Ah! n'est-ce pas assez que l'avare nature
Nous redemande à tous une dette si dure,
La vie, à tous la vie? et faut-il donc encor
Nous-mêmes dans le gouffre enfouir le trésor ?
Oh! n'est-ce pas assez de la pâle vieillesse,
De tous les rongements de la vie en faiblesse,
Du venin dévorant des soucis destructeurs,
Et de la maladie aux plaintives douleurs?
N'est-on pas sûr enfin, au bruit des chants funèbres,
De faire tôt ou tard le saut dans les ténèbres,
D'avoir trois pieds de terre après soi sur le flanc ?

5.

Ne doit-on pas mourir? — S'il faut que notre sang
S'épanche, il est toujours des cas en cette vie
Où l'on peut le verser avec quelque énergie :
Alors que l'étranger, tout cuirassé de fer,
Passe à travers nos champs comme un dieu de l'enfer,
Foulant d'un pied sanglant l'herbe de nos campagnes,
Et chargeant sur son dos les fils de nos compagnes;
Quand le bouclier d'or qui doit tous nous couvrir,
L'honneur de notre nom est près de se ternir;
Ou bien lorsque la loi, violée et maudite,
Répand des flots de pleurs par la ville interdite.
Ah! voilà le moment! et le sang qui se perd
A toute la cité du moins profite et sert.
Mais tel n'est point le train ordinaire des choses;
Ce n'est point pour le juste et pour de belles causes
Que la mort violente aime à faire ses coups :
C'est pour de vils hochets, des rêves d'hommes soûls,
Une vaine piqûre, une raison folâtre,
Une affaire souvent de luxe ou de théâtre,
Une froide parade, et, sans savoir pourquoi,
Le désir d'occuper les langues après soi.

Vanité, vanité, je connais ton empire
Et je retrouve en toi toute notre satire.
O fille de l'orgueil ! ô terrible fléau
D'un peuple au cœur sans fiel, mais au faible cerveau !
Toujours ton noir venin distillé sur ma race
Du haut jusques en bas en corrompra la masse :
Toujours, nous ramenant dans un cercle fatal,
Ton souffle changera l'œuvre du bien en mal.
Triomphe donc, ô monstre ! oui, de nos pauvres femmes,
Comme un bouquet de fleurs, fane les pures âmes;
Fais de leur douce vie un destin mal filé;
Au vice dégoûtant vends leur corps maculé;
Jusqu'au dernier degré de l'impure misère
Tu soutiendras l'éclat de leurs yeux, ô Mégère !
Puis, verse au cœur de l'homme un désir insensé
De dominer le monde et d'en être encensé;
Pour briller à tout prix, lance-le dans le crime ;
Mets devant lui l'État au penchant de l'abîme;
Invente des forfaits inouïs et sans noms :
Qu'importe que le sang ruisselle à gros bouillons,
Que le soleil se voile et la terre frémisse,

Que la tombe en un jour en son ventre engloutisse

Femmes, enfants, vieillards, frappés d'un plomb soudain

Qu'importe tant de morts à l'horrible gredin?

Il entendra les cris de toute la nature,

Sans trembler un instant ou changer de figure;

Car sur le champ du meurtre et même à l'échafaud,

O vanité, c'est toi qui lui tiens le front haut,

Et lui donnes, grand Dieu! souvent plus de puissance

Que n'en donne au cœur pur la sainte conscience!

Août 1835.

LA REINE DU MONDE

O puissant Gutenberg! Germain de bonne race
    Dont le mâle et hardi cerveau
Du globe vieillissant a rajeuni la face
    Par un prodige tout nouveau!
Lorsqu'aux rives du Rhin, dans une nuit ardente,
    Amant d'une divinité,
Tu pressas sur ton sein la poitrine fervente
    De l'immortelle Liberté,
Tu crus sincèrement que cette femme austère
    Enfanterait quelque beau jour
Un être sans défaut qui, semblable à sa mère;

Du monde entier serait l'amour;
Et tu t'en fus, vieillard, te reposer à l'ombre
De l'éternel cyprès des morts
Comme un bon ouvrier s'endort dans la nuit sombre,
Sans trouble aucun et sans remords.
Hélas! quelle que fût la sublime espérance
Dont s'enivra ton noble orgueil,
L'espoir qui de la mort t'allégea la souffrance
Et te berça dans le cercueil;
Le chaste embrassement d'une céleste femme
Ne t'a point fait l'égal des dieux,
Et tu n'as pas versé dans l'œuvre de ton âme
Le sang pur des enfants des cieux :
Car tel est le destin de la nature humaine,
Qu'il n'en sort rien de vraiment bon,
Et que l'âme ici-bas la plus blanche et sereine
Toujours conserve du limon.

Il est vrai que l'aspect de ta fille immortelle
Tout d'abord vous ravit les yeux
Son noble front tourné vers la voûte éternelle

Et reflétant l'azur des cieux,
La splendeur de sa voix, plus rapide et profonde
Que la vaste rumeur des flots,
Et comme une ceinture enveloppant le monde
Dans le bruit de ses mille échos;
Le spectacle divin des sombres injustices,
Devant son visage en courroux,
Brisant les instruments des horribles supplices,
La hache et les sanglants verrous;
L'harmonieux concert des villes et des plaines
Célébrant ses dons précieux,
Et le chœur des beaux-arts et des sciences vaines
Chantant la Paix, fille des cieux :
Tout en elle vous charme et vous remplit d'ivresse,
Et, retrouvant l'antique ardeur
Comme aux jours du printemps, d'amour et de tendresse,
Vous vous sentez battre le cœur;
Et chaque être bénit la jeune créature,
Et l'heure où, plein d'un grand désir,
Tu fis, ô Gutenberg, à la race future
Le don d'un sublime avenir.

Mais si pour contempler de plus près ton ouvrage,
    Pour voir ta fille en son entier,
L'on ose séparer les plis de son corsage,
    Ouvrir sa robe jusqu'au pied ;
Alors, alors, grand Dieu ! ce corps aux belles formes
    Ne présente plus aux regards
Qu'une croupe allongée en reptiles informes,
    Un faisceau de monstres hagards :
Et l'on voit là des chiens aux mâchoires saignantes,
    Aux redoutables aboîments,
Souffler sur les cités les discordes brûlantes,
    La guerre et ses emportements ;
On voit de vils serpents étouffer le génie
    Prêt à prendre son large essor,
La bave du mensonge et de la calomnie
    Verdir le front de l'aigle mort ;
Puis des dragons infects et des goules actives
    Pour de l'or broyant et tordant
Le cœur tendre et sacré des familles plaintives,
    Sous l'infâme acier de leur dent ;
Le troupeau corrupteur des passions obscures

Souillant tout, et vivant enfin
Du pur sang écoulé des cent mille blessures
Par lui faites au genre humain.

Quel spectacle! ah! soudain reculant à la vue
De tant de maux désordonnés,
Gutenberg! Gutenberg! stupéfait, l'âme émue,
Les pieds l'un à l'autre enchaînés,
Plus d'un fier citoyen de sa brune paupière
Sent tomber des pleurs à longs flots,
Et, dans ses froides mains plongeant sa tête altière,
Étouffe de profonds sanglots.
Alors, alors, souvent accusant d'injustice
La nature et son dieu fatal,
Et les blâmant tous deux de t'avoir fait complice
Des noirs épanchements du mal,
Plus d'un grand cœur regrette, en sa douleur extrême
Ton amour pour la Liberté :
Et l'on va, Gutenberg, jusques à crier même :
Que n'as-tu jamais existé!

Septembre 1835.

LA MACHINE

O vous qui pénétrant dans le secret des cieux
Avez sur la matière un pouvoir merveilleux,
Auteurs de la machine, enfants de Prométhée,
La nature par vous combattue et domptée
Reconnaît du cerveau les formidables lois,
S'incline, s'humilie et vous nomme ses rois;
Et la terre sa fille, impassible victime,
Vous livre de son corps la substance sublime,
Et vous laissant fouiller dans son énorme sein,
D'innombrables trésors va remplir votre main.
C'est bien : je vous admire, ô race titanique !
Mais, complices secrets de l'esprit satanique,
Je vois aussi l'Orgueil et la Cupidité
Introduisant le mal dans votre nouveauté.

Je les vois, poussant trop les forces chaleureuses
Qui frémissent au joug sous vos mains valeureuses,
Ouvrir partout la voie à des rébellions,
Et ces ardents pouvoirs, ainsi que des lions
S'élançant aussitôt hors des lignes prescrites,
Rugissant, bondissant ou courant sans limites,
Se tourner contre vous, esclaves révoltés,
Et sur vos corps tremblants porter leurs cruautés.
Alors, pauvres humains, oh! comme avec usure
Vous payez les trésors ravis à la nature!
Et comme par des maux étranges, inconnus,
Vous expiez les coups portés à ses flancs nus!
Alors un sombre jour voit plus de funérailles
Que la guerre souvent n'en sème en vingt batailles,
Tout un peuple brûlé par le feu des enfers,
Des membres palpitants dispersés dans les airs,
Des corps rompus au choc des voitures roulantes,
Ou broyés sous les bonds des machines errantes,
Enfin tous les tourments par le Dante inventés
Renaissent, et, portant l'épouvante aux cités,
Emplissent chaque seuil d'un déluge de larmes;

Alors vous comprenez, mais tard, dans vos alarmes,
Que pour être puissant sur l'onde et sur le feu
Il faut être avant tout aussi sage que Dieu.
Oui, le flambeau divin qu'on appelle science,
Ne fut pas mis aux mains de la mortelle engeance
Pour en elle augmenter les passions du mal,
L'appétit de l'argent et l'orgueil infernal.
Si le ciel en fit don à l'humaine nature,
Ce fut dans un but noble et pour une fin pure;
Ce fut pour amoindrir le masse des douleurs
Que versent sur nos corps tant de fléaux vainqueurs
Pour dégager l'esprit de la fange grossière,
Affranchir saintement l'homme de la matière,
Et, de la pauvreté brisant le dur lien,
Lui rendre plus aisé l'exercice du bien;
Telles sont du savoir les fins recommandables :
Qu'humblement il y tende; ou dans nos mains coupables
Redoutons qu'il ne soit souvent qu'un instrument
De vengeance divine et d'affreux châtiment.

La Machine, ô mortels! c'est le héros antique,

Hercule au cou de bœuf, à l'épaule athlétique,
Hercule, par les bois, les plaines et les monts,
Écrasant les serpents, abattant les lions,
Desséchant les marais des terres empestées,
Maîtrisant dans leur cours les ondes indomptées,
Et, la massue en main et les flèches au dos,
Soulageant les douleurs de l'homme en ses travaux ;
Mais c'est Hercule aussi foulant la vaste crête
De l'Œta montueux, le dieu perdant la tête ;
Et les veines du front toutes pleines de sang,
La rage dans le cœur et la douleur au flanc,
En aveugle outrageant la superbe nature,
Traînant, comme des morts et par la chevelure,
Les pins déracinés, les chênes en éclats ;
Puis, toujours furieux, méconnaissant Lycas,
Prenant le pauvre enfant entre ses mains immenses,
Et malgré ses clameurs, malgré ses résistances,
Le tournant par trois fois à l'entour de son front,
Et lançant un cadavre à l'abîme sans fond.

1842.

LES HOMICIDES

LE PROLÉTAIRE.

Du fer d'Harmodius arme mon bras, Justice !
Fatigué d'être esclave et de voir au supplice
Un grand peuple, je dis : Tout monarque ici-bas,
Est un lâche égoïste et digne du trépas.
C'est l'éponge qui boit les richesses sans nombre
Que l'ouvrier plaintif élabore dans l'ombre :
Rien n'en sort qu'un peu d'or, qui parfois se répand
Aux mains d'un vil bouffon ou d'un bourreau rampant.
Est-il juste, grand Dieu ! qu'ici-bas d'un seul homme

Des millions d'humains soient les bêtes de somme;
Que tant d'êtres de chair soient les hochets sanglants
D un seul, issu comme eux de tes célestes flancs?
Un côté penche trop dans l'humaine balance.
Ah! ce n'est pas ainsi que la toute-puissance
En a conçu le jeu : lancé dans le plateau,
Le glaive quelquefois rétablit le niveau :
Prête-le-moi, Justice! et qu'un coup salutaire
Des peuples gémissants finisse la misère.

LE DESPOTE.

Du glaive de la loi, Justice, arme tes mains
Et frappe sans pitié ces monstres inhumains,
Ces êtres sans respect pour le haut diadème,
Qui, toujours insurgés contre le rang suprême,
Dans les transports obscurs de leur férocité,
Veulent à flots de sang noyer la royauté.
Que deviendraient, grand Dieu! les peuples de ce monde,
Si, dans leurs errements sur la terre féconde,
Ils venaient à tuer leurs sacrés conducteurs?

Que feraient ces troupeaux dépourvus de pasteurs?
Ce serait le bétail marchant à l'aventure,
Et le débordement de toute créature;
Et toi-même, grand Dieu! par l'orgueil avili,
Tu finirais par voir ton saint culte aboli.
Les rois sont ici-bas un reflet de ta face;
Comme Dieu l'est au monde, à la terre leur race
Est nécessaire; ainsi, que le glaive des lois
Apprenne aux vils mortels à respecter les rois.

LA JUSTICE HUMAINE.

O vous qui m'invoquez comme des Euménides,
Vous êtes tous les deux d'effrayants homicides!
L'un, pour verser le sang avec impunité,
Se nomme le vengeur de la société,
Sans savoir si son mal lui donne droit de l'être,
Et si l'humanité comme tel veut l'admettre;
L'autre, sous le motif saintement spécieux
Qu'il est l'oint du Seigneur, et chargé par les cieux
De conserver au sein des peuplades humaines

De l'ordre social les formes souveraines,
Donne pleine carrière à d'iniques desseins.
Violateur brutal des contrats les plus saints,
Il fait d'un peuple libre une race asservie,
Lui dérobe son culte et ses biens et sa vie,
Et par l'égorgement, les déportations,
L'efface tout entier du rang des nations.
L'un est plus insensé, mais l'autre est plus coupable.
L'un sera donc frappé par le fer équitable ;
Quant à l'autre, il n'échappe à mon glaive de feu
Que pour mieux rencontrer la justice de Dieu.

1844.

LE PROGRÈS

A quoi servent, grand Dieu! les tableaux que l'histoire
  Déroule sous ses doctes mains,
Et les graves leçons que d'une page noire
  Elle tire pour les humains,
Si les mêmes excès et les mêmes misères
  Reparaissent dans tous les temps,
Et si dans tous les temps les exemples des pères
  Sont imités par leurs enfants?
O pauvres insensés qui, le front ceint de chêne,
  Devant l'univers transporté,
Au soleil de juillet entonnions d'une haleine
  L'hymne brûlant de liberté!
Nous chantions tous en chœur, dans une sainte ivresse,
  La vierge pure comme l'or,
Sans penser que plus tard l'immortelle déesse
  Devait tant nous coûter encor!
Nous rêvions un ciel doux, un ciel exempt d'orages,

Un éternel et vaste azur,
Tandis que sur nos fronts s'amassaient les nuages,
L'avenir devenait obscur.
Et nous avons revu presque tous les scandales
Des siècles les plus éhontés,
Les lâches trahisons, les voluptés brutales,
Et les basses cupidités;
Puis nous avons revu ce qu'avaient vu nos pères,
Le sang humain dans les ruisseaux,
Et l'angoisse des nuits glaçant le cœur des mères
Quand le plomb battait les carreaux;
Le sombre régicide aux vengeances infâmes,
L'émeute aux sinistres combats,
La baïonnette ardente entrant au sein des femmes,
Les enfants percés dans leurs bras;
Enfin les vieux forfaits d'une époque cruelle
Se sont tous relevés, hélas!
Pour nous faire douter qu'en sa marche éternelle
Le monde ait avancé d'un pas.

IL PIANTO

POÈME

1833

IL PIANTO

Il est triste de voir partout l'œuvre du mal,
D'entonner ses chansons sur un rhythme infernal,
Au ciel le plus vermeil de trouver un nuage,
Une ride chagrine au plus riant visage.
Heureux à qui le ciel a fait la bonne part!
Bien heureux qui n'a vu qu'un beau côté de l'art!
Hélas! mon cœur le sent, si j'avais eu pour muse
Une enfant de seize ans, et qu'une fleur amuse,
Une fille de mai, blonde comme un épi,
J'aurais, d'un souffle pur, sur mon front assoupi,
Vu flotter doucement les belles rêveries;
J'aurais souvent foulé des pelouses fleuries,
Et le divin caprice en de folles chansons
Aurait du moins charmé le cours de mes saisons.

Mais j'entends de mon cœur la voix mâle et profonde
Qui me dit que tout homme a son rôle en ce monde :
Tout mortel porte au front, comme un bélier mutin,
Un signe blanc ou noir tracé par le Destin ;
Il faut, bon gré, mal gré, suivre l'ardente nue
Qui marche devant soi sur la voie inconnue ;
Il faut courber la tête, et, le long du chemin,
Sans regarder à qui l'on peut tendre la main,
Suivre sa destinée au grand jour ou dans l'ombre.
Or, la mienne aujourd'hui comme le ciel est sombre ;
Pour moi, cet univers est comme un hôpital,
Où, livide infirmier levant le drap fatal,
Pour nettoyer les corps infectés de souillures,
Je vais mettre mon doigt sur toutes les blessures.

LE DÉPART

Les Alpes ont beau faire et m'opposer leur dos,
Leurs bleuâtres glaciers aux terribles passages,
Et leurs pics décharnés où les sombres nuages
Viennent traîner le ventre et se mettre en lambeaux.

Tombent, tombent sur moi leurs effrayantes eaux,
Leurs torrents bondissants, leurs neiges, leurs orages,
Et que les vents sortis de cent rochers sauvages
Déchirent mes poumons comme de froids couteaux !

LE DÉPART.

J'irai, je foulerai, car j'en ai l'espérance,
Les champs délicieux de la douce Florence
Et les vieux monts sabins que Virgile adora ;

Je verrai le soleil et la mer de Sorrente ;
Et, mollement couché sur la plage odorante,
Je boirai ton air pur, ô verdoyante Ischia !

LE CAMPO SANTO

A M. A. Brizeux.

O désolation! ô misère profonde!
Désespoir éternel pour les âmes du monde!
Sol de Jérusalem que tant d'hommes pieux
Ont baigné de sueur et des pleurs de leurs yeux;
Sainte terre enlevée aux monts de la Judée,
Et du sang des martyrs encor tout inondée,
Sainte terre des morts qui portas le Sauveur,
Toi que tout front chrétien baisait avec ferveur,
Tu n'es plus maintenant qu'une terre profane,
Un sol où toute fleur dépérit et se fane,

Un terrain sans verdure et délaissé des cieux,

Un cimetière aride, un cloître curieux,

Qu'un voyageur parfois, dans sa course rapide,

Heurte d'un pied léger et d'un regard stupide.

— Mais n'importe! je t'aime, ô vieux Campo Santo!

Je t'aime de l'amour qu'avait pour toi Giotto.

Tout désolé qu'il est, ton cloître solitaire

Est encore à mes yeux le plus saint de la terre :

Aussi quand l'œil du jour, de ses regards cuisants,

Brûle le front doré des superbes Pisans,

J'aime à sentir le froid de tes voûtes flétries,

J'aime à voir s'allonger tes longues galeries,

Et là, silencieux, le front bas, le pied lent,

Comme un moine qui passe et qui prie en allant,

J'aime à faire sonner le cuir de mes sandales

Sur la tête des morts qui dorment sous tes dalles ;

J'aime à lire les mots de leurs grands écussons,

A réveiller des bruits et de lugubres sons,

Et les yeux enivrés de tes peintures sombres,

A voir autour de moi mouvoir toutes tes ombres.

LE CAMPO SANTO.

Salut! noble Orcagna! que viens-tu m'étaler?
— « Artiste, une peinture à faire reculer;
Regarde, enfant, regarde!... Il est de par le monde
Des êtres inondés de volupté profonde;
Il est de beaux jardins plantés de lauriers verts,
De grands murs d'orangers où mille oiseaux divers,
Des rossignols bruyants, des geais aux ailes bleues,
Des paons sur le gazon traînant leurs belles queues,
Des merles, des serins jaunes comme de l'or,
Chantent l'amour, et l'air plus enivrant encor.
Il est, sous les bosquets et les treilles poudreuses,
De splendides festins et des noces heureuses;
Il est des instruments aux concerts sans pareils;
Et bien des cœurs contents et bien des yeux vermeils.
A l'*Ave Maria*, sous les portes latines,
On entend bien des luths et des voix argentines,
On voit sur les balcons, derrière les cyprès,
Bien de beaux jeunes gens qui se parlent de près,
Bien des couples rêveurs, qui, le soir à la brune,
Se tiennent embrassés aux regards de la lune.
Hélas! un monstre ailé qui plane dans les airs,

Et dont la lourde faux va sarclant l'univers,
La Mort, incessamment coupe toutes ces choses ;
Et femmes et bosquets, oiseaux, touffes de roses,
Belles dames, seigneurs, princes, ducs et marquis,
Elle met tout à bas, même des Médicis,
Elle met tout à bas avant le jour et l'heure ;
Et la stupide oublie, au fond de leur demeure,
Tous les gens de béquille et qui n'en peuvent plus,
Les porteurs de besace et les tristes perclus,
Les catarrheux branlant comme vieille muraille,
Les fiévreux au teint mat qui tremblent sur la paille,
Et les frêles vieillards qui n'ont plus qu'un seul pas
Pour atteindre la tombe et reposer leurs bras.
Tous ont beau l'implorer, elle n'en a point cure ;
La Mort vole au palais sans toucher la masure ;
Elle abandonne aux vents les plaintes et les voix
De ces corps vermoulus comme un antique bois :
La vieille aime à lutter, c'est un joueur en veine
Qui néglige les coups dont la chance est certaine.

« Enfant, ce n'est point tout ; enfant, regarde encor !

La montagne s'ébranle aux fanfares du cor,

Sous le galop des chiens entends sonner la pierre,

En épais tourbillons vois rouler la poussière,

Et du fond sinueux de ces sombres halliers

Bondir à flots pressés de nombreux cavaliers.

Ce sont de francs chasseurs qui courent la campagne,

De grands seigneurs toscans, des princes d'Allemagne,

Avec de beaux habits chamarrés d'écussons,

Des housses de velours, de lourds caparaçons,

Des couronnes de ducs à l'entour des casquettes,

Des faucons sur les poings, des plumes sur les têtes,

Et des hommes nerveux, retenant à pas lents

Des lévriers lancés sur leurs quatre pieds blancs.

Holà! puissants du jour, chasseurs vêtus de soie,

Qui forcez par les monts une timide proie;

Vous, femmes, que l'ennui mène à la cruauté;

Hommes, dont le palais plein de stupidité

A soif, après le vin, du sang de quelque bête,

Vous qui cherchez la mort comme on cherche une fête,

Oh! n'allez pas si loin, arrêtez vos coursiers,

La mort est près de vous, la mort est sous vos pieds,

La mort vous garde ici les plus rares merveilles;
Croyez-en vos chevaux qui dressent leurs oreilles,
Voyez leur cou fumant dont la veine se tord,
Leur frayeur vous dira qu'ils ont senti la mort,
Et que ce noir terrain a reçu de nature
Le don de convertir les corps en pourriture.
Or, en ces trois tombeaux ouverts sur le chemin,
Voyez ce qu'en un jour elle fait d'un humain :
Le premier que son dard tout nouvellement pique
A le ventre gonflé comme un homme hydropique;
Le second est déjà dévoré par les vers,
Et le dernier n'est plus qu'un squelette aux os verts,
Où le vent empesté, le vent passe et soupire
Comme à travers les flancs décharnés d'un navire.
Certes, c'est chose horrible, et ces morts engourdis
Figeraient la sueur au front des plus hardis;
Mais, chasseurs, regardez ces trous pleins de vermine
Sans boucher votre nez et sans changer de mine,
Regardez bien à fond ces trois larges tombeaux;
Puis, quand vous aurez vu, retournez vos chevaux,
Aux fanfares du cor regagnez la montagne,

Et puis comme devant, à travers la campagne,
Courez et galopez, car de jour et de nuit,
Vous savez maintenant où le temps vous conduit.

« Mais tandis que la fièvre et la crainte féconde
Assiégent les côtés des puissants de ce monde,
Que l'éternel regret des douceurs d'ici-bas
Leur tire des soupirs à chacun de leurs pas,
Que l'horreur de vieillir et de voir les années
Pendre comme une barbe à leurs têtes veinées,
Arrose incessamment d'amertume et de fiel
Le peu de jours encor que leur garde le ciel;
Tandis que sur leurs fronts comme sur leurs rivages,
Habitent les brouillards et de sombres nuages,
Le ciel, au-dessus d'eux éblouissant d'azur,
Épand sur la montagne un rayon toujours pur.
Là, dans les genêts verts et sur l'aride pierre,
Les hommes du Seigneur vivent de la prière;
Là, toujours prosternés, dans leurs élans pieux,
Ils ne voient point blanchir les fils de leurs cheveux.
Leur vie est innocente et sans inquiétude,

L'inaltérable paix dort en leur solitude,
Et sans peur pour leurs jours en tout lieu menacés,
Les pauvres animaux par les hommes chassés,
Mettant le nez dehors et quittant leurs retraites,
Viennent manger aux mains des blancs anachorètes :
La biche à leur côté saute et se fait du lait,
Et le lapin joyeux broute son serpolet.

« Heureux, oh ! bien heureux qui, dans un jour d'ivresse,
A pu faire au Seigneur le don de sa jeunesse ;
Et qui, prenant la foi comme un bâton noueux,
A gravi loin du monde un sentier montueux !
Heureux l'homme isolé qui met toute sa gloire
Au bonheur ineffable, au seul bonheur de croire,
Et qui, tout jeune encor, s'est crevé les deux yeux,
Afin d'avoir toujours à désirer les cieux !
Heureux seul le croyant, car il a l'âme pure,
Il comprend sans effort la mystique nature ;
Il a, sans la chercher, la parfaite beauté,
Et les trésors divins de la sérénité.
Puis il voit devant lui sa vie immense et pleine

Comme un pieux soupir s'écouler d'une haleine;
Et lorsque sur son front la Mort pose ses doigts,
Les anges près de lui descendent à la fois;
Au sortir de sa bouche ils recueillent son âme,
Et, croisant par-dessus leurs deux ailes de flamme,
L'emportent toute blanche au céleste séjour,
Comme un petit enfant qui meurt sitôt le jour.

« Heureux l'homme qui vit et qui meurt solitaire !
Enfant, telle est mon œuvre, et l'immense mystère
Que mon doigt monacal a tracé sur ce mur;
La forme en est sévère et le contour est dur;
Mais j'ai fait de mon mieux, j'ai peint de cœur et d'âme
La grande vérité dont je sentais la flamme;
Et comme un jardinier qui bêche avec amour,
Sur mon pinceau courbé, j'ai sué plus d'un jour.
Puis, quand j'ai vu tomber la nuit sur ma palette,
J'ai croisé les deux bras, et reposant la tête
Sur le coussin sculpté de mon sacré tombeau,
Comme mes devanciers, le Dante et le Giotto,
J'ai fermé gravement mon œil mélancolique

Et me suis endormi, vieux peintre catholique,
En pensant à ma ville, et croyant fermement
Voir mon œuvre et ma foi vivre éternellement. »

Dors, oh! dors, Orcagna, dans ta couche de pierre,
Et ne rouvre jamais ta pesante paupière,
Reste les bras croisés dans ton linceul étroit;
Car si des flancs obscurs de ton sépulcre froid,
Comme un vieux prisonnier, il te prenait envie
De contempler encor ce qu'on fait dans la vie,
Si tu levais ton marbre et regardais de près,
Ta douleur serait grande, et les sombres regrets
Reviendraient habiter sur ta face amaigrie.
Tu verrais, Orcagna, ta Pise tant chérie,
Comme une veuve, assise aux rives de l'Arno,
Écouter solitaire à ses pieds couler l'eau;
Tu verrais le saint dôme avec de grandes herbes,
Et le long de ses murs les cavales superbes
Monter, et se jouant, à chaque mouvement
Emplir le lieu sacré de leur hennissement;
Tu verrais que la mort, dans les lieux où nous sommes,

N'a pas plus respecté les choses que les hommes ;
Et reposant tes bras sous ton cintre étouffé,
Tu dirais, plein d'horreur : La Mort a triomphé !

La Mort ! la Mort ! elle est sur l'Italie entière ;
L'Italie est toujours à son heure dernière ;
Déjà sa tête antique a perdu la beauté,
Et son cœur de chrétienne est froid à son côté.
Rien de saint ne vit plus sous sa forte nature ;
Et, comme un corps usé faute de nourriture,
Ses larges flancs lavés par la vague des mers
Ne se raniment plus aux célestes concerts.
Oh ! c'est en vain qu'aux pieds de l'immobile archange
Le canon tonne encor des créneaux de Saint-Ange,
Que Saint-Pierre au soleil, sur ses degrés luisants,
Voit remonter encor la pompe des vieux ans :
A quoi bon tant de voix, de cris et de cantiques,
Les milliers d'encensoirs fumant sous les portiques,
Le chœur des prêtres saints déroulant ses anneaux,
Et la pourpre brûlante aux flancs des cardinaux ?
Pourquoi le dais splendide avec son front qui penche,

7.

Et le grand roi vieillard, dans sa tunique blanche,
Superbe et les deux pieds sur le dos des Romains,
De son trône flottant bénissant les humains?
Morts, morts sont tous ces bruits et cette pompe sainte,
Car ils ne passent plus le Tibre et son enceinte;
Mort est ce vain éclat, car il ne frappe plus
Que des fronts de vieillards ou de pâtres velus.
Tous ces chants n'ont plus rien de la force divine,
C'est le son mat et creux d'une vieille ruine,
C'est le cri d'un cadavre encor droit et debout
Au milieu des corps morts qui l'entourent partout.
Hélas! hélas! la foi de ce sol est bannie,
La foi n'a plus d'accent pour parler au génie,
Plus de voix pour lui dire en lui prenant la main :
Construis-nous vers le ciel un immortel chemin.
La foi, source féconde, en sublime rosée
Ne peut plus retomber sur cette terre usée,
Et, remuant la pierre au fond de ses caveaux,
Faire jaillir le marbre en milliers de faisceaux;
La foi ne pousse plus de sublimes colonnes;
Plus de dômes d'airain, plus de triples couronnes,

Plus de parvis immense à faire mille pas,
Plus de large croix grecque étalant ses longs bras,
Plus de ces grands Christs d'or au fond des basiliques
Penchant sur les mortels leurs regards angéliques,
Plus d'artistes brûlants, plus d'hommes primitifs
Ébauchant leur croyance en traits secs et naïfs,
De pieux ouvriers s'en allant par les villes
Travailler sur les murs comme des mains serviles,
Plus de parfums dans l'air, de nuages d'encens,
De chants simples et forts, et de maîtres puissants
Versant dans les grands jours, de leur harpe bénie,
Sur les fronts inclinés des torrents d'harmonie.
Rien, absolument rien, et cependant la Mort
Ébranle sous ses pas ce qui semblait si fort;
Elle est toujours robuste, et toujours, chose affreuse,
Elle poursuit partout sa marche désastreuse.
Chaque jour elle voit sur quelque mont lointain,
Comme un feu de berger, le culte qui s'éteint;
Chaque jour elle entend un autel qui s'écroule;
Et sans le relever passe à côté la foule,
Et l'image de Dieu, dans ces débris impurs,

Semble tomber des cœurs avec les pans de murs.

Le vieux catholicisme est morne et solitaire,

Sa splendeur à présent n'est qu'une ombre sur terre,

La Mort l'a déchiré comme un vêtement vieux;

Pour longtemps, bien longtemps, la Mort est dans ces lieux.

MAZACCIO

Ah! s'il est ici-bas un aspect douloureux,
Un tableau déchirant pour un cœur magnanime,
C'est ce peuple divin que le chagrin décime,
C'est le pâle troupeau des talents malheureux;

O Mazaccio! c'est toi, jeune homme aux longs cheveux,
De la bonne Florence enfant cher et sublime;
Peintre des premiers temps, c'est ton air de victime,
Et ta bouche entr'ouverte et tes sombres yeux bleus...

Hélas! la mort te prit les deux mains sur la toile;
Et du beau ciel de l'art, jeune et brillante étoile,
Astre si haut monté, mais si vite abattu,

Le souffle du poison ternit ta belle flamme,
Comme si, tôt ou tard, pour dévorer ton âme,
Le venin du génie eût été sans vertu.

MICHEL-ANGE

Que ton visage est triste et ton front amaigri,
Sublime Michel-Ange, ô vieux tailleur de pierre !
Nulle larme jamais n'a mouillé ta paupière :
Comme Dante, on dirait que tu n'as jamais ri.

Hélas ! d'un lait trop fort la Muse t'a nourri,
L'art fut ton seul amour et prit ta vie entière ;
Soixante ans tu courus une triple carrière
Sans reposer ton cœur sur un cœur attendri.

Pauvre Buonarotti ! ton seul bonheur au monde
Fut d'imprimer au marbre une grandeur profonde,
Et, puissant comme Dieu, d'effrayer comme lui :

Aussi, quand tu parvins à ta saison dernière,
Vieux lion fatigué, sous ta blanche crinière,
Tu mourus longuement plein de gloire et d'ennui.

ALLEGRI

Si dans mon cœur chrétien l'antique foi s'altère,
L'art reste encor debout, comme un marbre pieux
Que le soleil, tombé de la voûte des cieux,
Colore dans la nuit d'un reflet solitaire.

Ainsi, vieil Allegri, musicien austère,
Compositeur sacré des temps religieux,
Ton archet bien souvent me ramène aux saints lieux,
Adorer les pieds morts du Sauveur de la terre.

Alors mon âme vaine et sans dévotion,
Mon âme par degré prend de l'émotion,
Et monte avec tes chants au séjour des archanges

Et, mystique poëte, au fond des cieux brûlants,
J'entends les bienheureux dans leurs vêtements blancs,
Chanter sur des luths d'or les divines louanges.

LE CAMPO VACCINO

A M. Antoni Deschamps.

C'était l'heure où la terre appartient au soleil,
Où les chemins poudreux luisent d'un ton vermeil,
Où rien n'est confondu dans l'aride campagne,
Où l'on voit les troupeaux dormir sur la montagne,
Et le pâtre robuste avec ses beaux chiens blancs
Étaler auprès d'eux ses membres nonchalants,
L'heure aux grands horizons, l'heure où l'ombre est mortelle
Au voyageur suant qui s'arrête sous elle,
Où le pèlerin las, son bâton à la main,
Laisse tomber la tête en suivant son chemin,

LE CAMPO VACCINO.

Où l'on n'entend au loin sous les herbes brûlantes
Que les cris répétés des cigales bruyantes,
L'heure où le ciel est rouge, où le cyprès est noir,
Et Rome en son désert encor superbe à voir...
A cette heure, j'étais sur un monceau de briques;
Et, le dos appuyé contre des murs antiques,
Je regardais, de là, s'étendre devant moi
La vieille majesté des champs du peuple-roi.
Et rien ne parlait haut comme le grand silence
Qui dominait alors cette ruine immense,
Rien ne m'allait au cœur comme ces murs pendants,
Ces terrains sillonnés de mâles accidents,
Et la mélancolie empreinte en cette terre
Qui ne saurait trouver son égale en misère.

Sublime paysage à ravir le pinceau !
Le Colisée avait tout le fond du tableau :
Le monstre, de son orbe envahissant l'espace,
Foulait de tout son poids la terre jaune et grasse.
Là, ce grand corps sevré de sang pur et de chair,
Étalait tristement ses vieux membres à l'air,

Et le ciel bleu luisant à travers ses arcades,
Ses pans de murs croulés, ses vastes colonnades,
Semait ses larges reins de feux d'azur et d'or,
Comme au soleil d'Afrique un reptile qui dort.
A droite, en long cordon, au-dessous de sa tête,
Du haut d'une terrasse à crouler toute prête,
Tombaient de larges flots de feuillages confus,
Des pins au vert chapeau, des platanes touffus,
Et des chênes voûtés, dont la racine entière
Jaillissait comme l'onde à travers chaque pierre,
L'ombre épaisse, je crois, des jardins de Néron,
Le seul dont le bas peuple ait conservé le nom...
A gauche, près d'un mur chargé d'herbes nouvelles,
Le temple de la Paix aux trois voûtes jumelles,
Immense, laissait voir par un trou dans le fond
Les hauts remparts de Rome et son désert profond ;
Puis Castor et Pollux, dépouillés de leurs marbres,
Avec d'humbles maisons se perdaient sous les arbres,
Et les arbres voilaient de leurs feuillages roux
Le grand arc de Sévère enfoui jusqu'aux genoux ;
Enfin, dans le milieu de cette large enceinte,

Auprès du Capitole et de sa base sainte,
La terre de Rémus, le vieux pavé romain...
Mais las! dans quel état! tout meurtri par la main
Et par le pied brutal de cent hordes guerrières,
Un terrain encombré de briques et de pierres,
Et semé de trous noirs et si larges, que l'eau
Y fait plus d'une mare en cherchant son niveau.
Comme des souvenirs, là, de frêles colonnes
Dressent de loin en loin leurs jaunâtres couronnes;
Et leurs feuilles d'acanthe et leurs fûts cannelés
Rappellent la splendeur des siècles écoulés.
Mais hélas! bien en vain, sur leurs bases rompues,
Quelques-unes encor, comme des vierges nues,
Semblent mener un chœur et, se donnant la main,
Chanter pieusement un hymne pur et saint
A la blanche Concorde; en vain, seule et hautaine,
Une d'elles aux cieux s'élance en souveraine,
Et montre encor Phocas luisant de pourpre et d'or
Devant l'autel brisé de Jupiter Stator:
Oh! toutes, le front chauve et le pied dans les terres,
Pauvres enfants perdus, Romaines solitaires,

Elles sont toutes là, dans ces champs désolés,

Comme après le carnage et sur des murs croulés

Des filles de vaincus qui pleurent sur leurs pères.

Toutes dans le silence et sans plaintes amères,

Elles vont protestant de leurs fragments pieux

Contre la barbarie et tous les nouveaux dieux.

Pleure, pleure et gémis, beau temple de Faustine;

Tes colonnes de marbre et ta frise latine,

Et ton fronton meurtri, fléchissent sous le poids

Du plus lourd des enfants qu'ait engendrés la croix :

Pleure, pleure et gémis, car l'indigne coupole

Toujours blesse tes flancs et ta divine épaule;

Sur toi pèse toujours le dôme monacal;

Comme un barbare assis sur un noble cheval.

Et toi, divin Titus, roi des belles journées,

Qu'est devenu ton arc aux pierres inclinées,

Et cette large voûte, où de nobles tableaux

Montraient l'arche captive avec les saints flambeaux,

Et le peuple des Juifs, vaincu, les deux mains jointes,

Pleurant devant ton char ses murailles éteintes?

Où sont tes écussons par la foudre sculptés;

Tes cavaliers romains par le temps démontés?
Grand Titus, tu n'as plus que la couleur sublime
Dont les siècles toujours décorent leur victime,
La rouille, et demi-nus, penchés de toutes parts,
Tes membres sont ridés comme ceux des vieillards.

O superbes fiévreux, gras habitants du Tibre!
Enfants dégénérés d'un peuple qui fut libre,
Je ne viens pas chercher à vos tristes foyers
De mâles sénateurs et d'antiques guerriers;
Le dévoûment sans borne à la mère chérie
Que vous nommiez jadis du beau nom de patrie,
La croyance éternelle aux murs de Romulus,
L'auguste pauvreté, les rustiques vertus,
Et la robuste foi qui, sur un crâne immonde,
A bâti huit cents ans la conquête du monde;
Ces rudes éléments et du grand et du beau
Ne peuvent plus entrer dans votre étroit cerveau.
Ce que je veux de vous, ce sont de saints exemples,
C'est le respect aux morts, c'est la paix aux vieux temples.
Or donc, assez longtemps, sur ce terrain hâlé,

LE CAMPO VACCINO.

Vieille louve au flanc maigre, Avarice a hurlé ;
Assez, assez longtemps, sans pudeur et sans honte,
Vos pères ont sucé ses mamelles de fonte ;
Dans Rome, assez longtemps, prélats et citoyens,
Se ruant par milliers sur les temples païens,
Ont violé le seuil des royales enceintes,
Volé les dieux d'airain, fondu les portes saintes,
Et comme des goujats avides de trésors,
Jusqu'au dernier lambeau déshabillé les morts.
Maintenant tout est fait : ruines séculaires,
Leurs murs ne peuvent plus tenter les mains vulgaires.
Pas une lame d'or à leurs flancs vermoulus ;
De l'antique splendeur il ne leur reste plus
Que la forme première, et la belle harmonie
Dont les a, tout enfants, revêtus le génie ;
La forme et des contours, voilà tous leurs appas.
O Romains d'aujourd'hui ! si l'art ne vous prend pas,
Du moins par piété respectez des victimes ;
Souvenez-vous toujours des paroles sublimes
Que la lyre divine, en des temps de malheurs,
Envoyait courageuse aux saints dévastateurs.

Les temples, quels qu'ils soient, sont les âmes des villes;
Sans eux, toute cité n'a que des pierres viles.
Du foyer domestique et du corps des vieillards
Les monuments sacrés sont les derniers remparts;
Et, lorsque sur la terre ils penchent en ruines,
Leurs ruines encor sont des choses divines,
Ce sont des prêtres saints que l'âge use toujours,
Mais qu'il faut honorer jusqu'à leurs derniers jours.

Hélas! tel est le train de ce monde où nous sommes;
Et l'art entre si peu dans la tête des hommes,
Que peut-être mes cris vainement écoutés
S'en iront sans écho par les vents emportés.
L'homme ici ne croit plus qu'aux choses que l'on touche,
Au pain qu'on mange, au vin qui parfume la bouche,
Au corps voluptueux qui frémit sous la main,
Et puis au coutelas qui vous perce le sein.
Pour le reste, néant; sous ses paupières brunes
Peuvent s'amonceler des torrents de fortunes,
La terre peut trembler sous les plus hauts destins,
Des fronts peuvent jaillir les chants les plus divins,

Aux cieux peuvent briller les plus illustres gloires :
Tout ici, jusqu'au nom, s'efface des mémoires ;
Et quand vous demandez : Qui jadis là vivait ?
Le peuple indifférent vous répond : Qui le sait !
Ah ! sommes-nous donc tous sous un souffle de glace,
Ou sous quelque vent mou qui nous ride la face,
Nous ôte la vigueur, nous affaiblit le pouls,
Et sous nos corps penchés fait trembler nos genoux ?
Avons-nous en dégoût pris toute gloire humaine,
Et vivant pour nous seuls, sans amour et sans haine,
N'aspirons-nous qu'au jour où le froid du tombeau
Comme un vieux parchemin nous jaunira la peau ?
Faut-il se dire enfin par le mal qui nous ronge :
L'art n'est plus qu'un vain mot, un stérile mensonge,
Le temps a tout usé ce tissu précieux,
Ce riche vêtement, cet habit gracieux
Que Dieu fila lui-même, et que sa main féconde
Déploya pour couvrir la nudité du monde ?
La forme ! — elle si grande et belle au premier jour,
Si belle que le maître, avec un œil d'amour
Contemplant de son haut l'univers plein de grâce,

Et comme en un miroir y reflétant sa face,
Pensa quelques instants que le monde était bien,
Et qu'en ses éléments le mal n'entrait pour rien :
La forme! elle a perdu sa pureté première.
Partout l'homme aujourd'hui maltraite la matière,
Et son souffle ternit la native fraîcheur
Qu'elle avait comme un fruit que l'on cueille en sa fleur.
Plus l'homme avide étend son empire sur terre,
Plus la forme pâlit sous la main adultère,
Plus cette belle trame et ce réseau divin
Échangent leurs fils d'or contre des fils d'airain,
Plus cette eau sans limon va roulant de la fange,
Plus ce beau ciel limpide et ce bleu sans mélange
Voient s'étendre sur eux de nuages épais,
Et la foudre en éclats leur enlever la paix :
Si bien qu'un jour, ridé comme un homme en vieillesse,
Le globe, dépouillé de grâce et de jeunesse,
Faute de forme irait, sans secousse et sans maux,
Replonger de lui-même au ventre du chaos...

Oh! pardonne, mon Dieu, ces cris illégitimes!

C'est que le désespoir va bien aux cœurs sublimes,
C'est que la forme morte et sans recouvrement
Est une chose amère à qui sent fortement.
Aussi, chœurs des souffrants, ô troupes lamentables!
Amants, tristes époux, mères inconsolables,
Vous qu'une forme absente accable de douleurs,
Et le jour et la nuit fait sécher dans les pleurs,
Vous, poëtes divins, chanteurs au front austère,
Et vous, prêtres de l'art, ô peintres qui sur terre,
Pliant les deux genoux, comme l'antiquité,
Vous faites de la forme une divinité;
Vous tous, êtres nerveux, qui ne vivez au monde
Que par le sentiment de sa beauté profonde,
Oh! comme je vous plains, oh! comme je conçois
Votre douleur sans borne et vos lèvres sans voix,
Lorsque de vos amours les lignes périssables
S'effacent devant vous comme un pied dans les sables;
Lorsqu'une voix éclate en un dernier effort,
Ou qu'un beau front se fane au souffle de la mort,
Ou bien lorsqu'à vos yeux une blanche statue,
Sous le marteau brutal qui la frappe et la tue,

8.

Se brise, et que la forme impossible à saisir
Comme une âme s'en va pour ne plus revenir !

Et toi, divin amant de cette chaste Hélène,
Sculpteur au bras immense, à la puissante haleine,
Artiste au front paisible avec les mains en feu,
Rayon tombé du ciel et remonté vers Dieu;
O Gœthe! ô grand vieillard! prince de Germanie! *
Penché sur Rome antique et son mâle génie,
Je ne puis m'empêcher, dans mon chant éploré,
A ce grand nom croulé d'unir ton nom sacré,
Tant ils ont tous les deux haut sonné dans l'espace,
Tant ils ont au soleil tous deux tenu de place;
Et dans les cœurs amis de la forme et des dieux
Imprimé pour toujours un sillon glorieux.
Hélas! longtemps, du fond de ton sol froid et sombre,
Sur l'univers entier se pencha ta grande ombre;
Longtemps, sublime temple à tous les dieux ouvert,
On entendit tes murs chanter plus d'un concert,
Et l'on vit promener sur tes superbes dalles

* L'auteur était à Rome lorsque la nouvelle de la mort de Gœthe lui parvint.

Mille jeunes beautés aux formes idéales.
Longtemps tu fus le roi d'une noble cité
Que l'harmonie un jour bâtit à ton côté,
Et longtemps, quand le sort eut brisé ses portiques,
Qui rappelaient Athène et les grâces antiques,
Toi seul restant debout, ô splendide vieillard !
Comme Atlas, tu portas le vaste ciel de l'art.
Enfin toujours paré d'un glorieux hommage,
Il semblait ici-bas que tu n'avais pas d'âge,
Jusqu'au jour où la Mort, te frappant à son tour,
Fit crouler ton grand front comme une simple tour.
O mère de douleur ! ô Mort pleine d'audace !
A maudire tes coups toute langue se lasse,
Mais la mienne jamais ne se fatiguera
A dire tout le mal que ton bras a fait là.
Depuis qu'elle est à bas cette haute colonne,
Il me semble que l'art a perdu sa couronne;
Le champ de poésie est un morne désert,
Où l'on voit à grand'peine un noble oiseau passer;
Les plus lourds animaux y cherchent leur pâture,
Les vils serpents y vont traîner leur pourriture,

Et leur gueule noircit de poison et de fiel
Le pied des monuments qui regardent le ciel;
C'est un champ plein de deuil, où la froide débauche
Vient parmi les roseaux que jamais l'on ne fauche
Hurler des chants hideux et cacher ses ébats;
C'est un sol sans chemin, où l'on tombe à tout pas,
Où, parmi les grands trous, et sur les ronces vives,
Autour des monuments quelques âmes plaintives
Descendent par hasard; et là, dans les débris,
Versent des pleurs amers et poussent de longs cris.

O vieille Rome! ô Gœthe! ô puissances du monde!
Ainsi donc votre empire a passé comme l'onde,
Comme un sable léger qui coule dans les doigts,
Comme un souffle dans l'air, comme un écho des bois.
Adieu, vastes débris! dans votre belle tombe
Dormez, dormez en paix; voici le jour qui tombe.
Au faîte des toits plats, au front des chapiteaux,
L'ombre pend à longs plis comme de noirs manteaux;
Le sol devient plus rouge et les arbres plus sombres;
Derrière les grands arcs, à travers les décombres,

Le long des chemins creux, mes regards entraînés
Suivent des buffles noirs deux à deux enchaînés ;
Les superbes troupeaux, à la gorge pendante,
Reviennent à pas lents de la campagne ardente,
Et les pâtres velus, bruns et la lance au poing,
Ramènent à cheval des chariots de foin.
Puis passe un vieux prélat, ou quelque moine sale,
Qui va battant le sol de sa triste sandale,
Des frères en chantant portent un blanc linceul,
Un enfant demi-nu les suit et marche seul ;
Des femmes en drap rouge et de brune figure
Descendent en filant les degrés de verdure ;
Les gueux déguenillés qui dormaient tous en tas
Se lèvent lentement pour prendre leur repas,
L'ouvrier qui bêchait et roulait sa brouette
La quitte : le travail, les pelles, tout s'arrête,
On n'entend plus au loin qu'un murmure léger,
Que le cri d'un ânon, le sifflet d'un berger,
Ou, derrière un fronton renversé sur la terre,
Quatre forts mendiants couchés avec mystère,

Qui, les cinq doigts tendus et le feu dans les yeux,
Disputent sourdement des baïoques entre eux.

RAPHAEL

Ce qui donne du prix à l'humaine existence,
Ah! c'est de la beauté le spectacle éternel !
Qui peut la contempler dans sa plus pure essence,
En garde sur ses jours un reflet immortel.

Et ce fut là ton sort, bienheureux Raphaël,
Artiste plein d'amour, de grâce et de puissance !
Ton œil noir de bonne heure attaché sur le ciel,
Y chercha du vrai beau la divine substance.

RAPHAEL.

En vain autour de toi, jeune encore et sans nom,
Le monstre impur du laid, hurlant comme un dragon,
Déroula ses anneaux et ses replis de fange :

Tu dédaignas ses cris, ses bonds tumultueux,
Et, d'un brodequin d'or foulant son front hideux,
Tu t'élanças vers Dieu comme le grand Archange.

LE CORRÉGE

Nourrice d'Allegri, Parme, cité chrétienne,
Sois fière de l'enfant que tes bras ont porté !
J'ai vu d'un œil d'amour la belle antiquité,
Rome en toute sa pompe et sa grandeur païenne,

J'ai vu Pompéi morte, et comme une Athénienne,
La pourpre encor flottant sur son lit déserté ;
J'ai vu le dieu du jour rayonnant de beauté
Et tout humide encor de l'onde ionienne ;

J'ai vu les plus beaux corps que l'art ait revêtus ;
Mais rien n'est comparable aux timides vertus,
A la pudeur marchant sous sa robe de neige ;

Rien ne vaut cette rose à la fraîche couleur
Qui secoua sa tige et sa divine odeur
Sur le front de ton fils, le suave Corrége.

CIMAROSA

Chantre mélodieux né sous le plus beau ciel,
Au nom doux et fleuri comme une lyre antique,
Léger Napolitain, dont la folle Musique
A frotté, tout enfant, les deux lèvres de miel;

O bon Cimarosa! nul poëte immortel,
Nul peintre comme toi, dans sa verve comique,
N'égaya des humains la face léthargique
D'un rayon de gaîté plus franc et naturel.

Et pourtant tu gardas à travers ton délire,

Sous les grelots du fou, sous le masque du rire,

Un cœur toujours sensible et plein de dignité;

Oui, ton âme fut belle, ainsi que ton génie;

Elle ne faillit point devant la tyrannie,

Et chanta dans les fers l'hymne de liberté.

CHIAIA

A M. Mamiani della Rovere.

SALVATOR.

Je t'envie, ô pêcheur ! Sur la grève et le sable
Je voudrais comme toi savoir tirer un câble,
Mettre une barque à sec, et le long de ses flancs
Sécher au plein soleil mes filets ruisselants.
Je t'envie, ô pêcheur ! Quand derrière Caprée
Le soleil a quitté sa tunique pourprée,
Comme toi, dans ma barque étendu gravement,
Je voudrais voir la nuit tomber du firmament.
O mon frère ! plains-moi, ma douleur est mortelle,
Car pour moi la patrie a cessé d'être belle ;
Naples, la ville d'or, à mes regards maudits
A fermé le jardin de son blanc paradis.
Les éternels parfums de la riche nature,
L'air qui plante la joie en toute créature,
Ce beau ciel lumineux qu'on aime tant à voir,

Les pâleurs du matin et les rougeurs du soir,
Les coteaux bleus du golfe, et sur ses belles lignes
Les barques au col blanc nageant comme des cygnes,
Et Pausilippe en fleurs, et Vulcain tout en feux,
Et tous mes souvenirs, mon enfance et mes jeux,
Rien ne peut animer le sombre de ma vie :
La riante couleur à mes doigts est ravie,
Le ton noir et brumeux domine en mes tableaux,
J'ai brisé ma palette, et, jetant mes pinceaux,
Par la campagne ardente et nos pavés de lave,
Au soleil du midi, j'erre comme un esclave.

LE PÊCHEUR.

O frère! je comprends et tes soupirs profonds,
Et pourquoi comme un fou tu frappes des talons;
Pourquoi tes cheveux noirs, hérissant ton visage,
Sur ton manteau troué répandent leur ombrage;
Pourquoi la pâleur siége à ton front soucieux;
Pourquoi, tel qu'un voleur, tu détournes les yeux.
Oh! tu n'es pas le seul à baisser la paupière :

Mon corps, tout brun qu'il est, n'est pas non plus de pierre,
Et je sens comme toi, sous sa rude épaisseur,
Que notre ciel n'a pas de reflet en mon cœur.
Eh! qui peut aujourd'hui prendre un habit de fête,
De raisins verdoyants se couronner la tête,
Et, levant par le coin un rouge tablier,
Danser la tarentelle à l'ombre du hallier?
Qui peut, ami, qui peut s'enivrer de musique
Et des beaux jeux fleuris de notre terre antique,
Quand la douleur partout nous ronge comme un ver?
Notre vie ici-bas est un citron amer
Que ne peut adoucir nulle saveur au monde.
Nous sommes, beaux enfants d'une mère féconde,
Sous le joug attelés comme nos taureaux blancs;
Il faut tirer du front, et haleter des flancs,
Marcher pleins de sueur, et, pour plus de misère,
Être souvent battus par la verge étrangère.

SALVATOR.

Heureux, heureux pêcheur! il te reste la mer,

Une plaine aussi bleue, aussi large que l'air.

Comme un aigle lassé de son rocher sauvage,
Quand le souffle de l'homme a terni ton visage,
Lorsque la terre infecte a soulevé tes sens,
Tu montes sur ta barque, et de tes bras puissants,
Tu cours au sein des flots laver ta plaie immonde,
La rame en quatre coups te fait le roi du monde.
Là, tu lèves le front, là, d'un regard vermeil,
En homme saluant la face du soleil,
Tu jettes tes chansons ; et si la mer écume,
Si le bruit de la terre avec son amertume
Te revient sur la lèvre, au murmure des flots
Tu peux sans crainte encor murmurer tes sanglots.
Mais nous, mais nous, hélas! habitants de la terre,
Il faut savoir souffrir, mendier et nous taire;
Il faut de notre sang engraisser les abus,
Des fripons et des sots supporter les rebuts;
Il faut voir aux clartés de la pure lumière
Des choses qui feraient fendre et crier la pierre;
Puis dans le creux des doigts enfermer avec soin
Son âme, et s'en aller gémir en quelque coin :

Car la plainte aujourd'hui vous mène au précipice;
Aux doux épanchements le sol n'est point propice,
Notre terre est infâme, et son air corrupteur
Sur deux hommes causants enfante un délateur.

LE PÊCHEUR.

Toujours, ô mon Rosa! toujours les vents contraires
Ne déchireront pas la voile de nos frères;
Des célestes balcons, les dieux penchés sur nous
Souffleront moins de bise et des zéphyrs plus doux.
S'ils sont justes là-haut, s'ils régissent la terre,
Ils prendront en pitié notre longue misère;
Ils ne laisseront pas, les bras tendus en vain,
Toujours les braves gens en guerre avec le pain,
Ils ne laisseront pas du fond de sa mantille
L'avarice hautaine insulter la guenille.
Nous n'irons pas toujours, comme des chiens honteux,
Le long du vieux marché, sous ses antres bourbeux,
Chercher à nos petits un peu de nourriture;
Nous qui suons le jour et couchons sur la dure,

Qui n'avons ici-bas que la peine et le mal,
Nous n'irons pas toujours mourir à l'hôpital ;
Nos crocs ne seront plus chargés d'étoupes molles :
Viendront les pensers forts et les mâles paroles.
Après avoir eu l'os, nous aurons bien la chair,
Les douceurs du printemps après le vent d'hiver.
Aussi je prends courage; au branle de la rame
Je poursuis plus gaîment le poisson sous la lame,
D'un bras ferme et hardi je lance mes harpons,
Je nage à tous les bords, je plonge à tous les fonds,
Car je sais qu'un beau jour, et sans que rien l'empêche,
En mon golfe divin je ferai bonne pêche :
Aux rives de Chiaia, sur ce sable argenté,
Dans mes larges filets viendra la Liberté.

SALVATOR.

La Liberté, pêcheur, la Liberté divine
Poserait ses pieds blancs sur ta poupe marine !
Cette sœur de Vénus, cette fille des flots,
Dans Naples descendrait des mains des matelots !

Oh ! j'ai bien peur, ami, que ta voix taciturne
Ne chante faussement comme l'oiseau nocturne :
La Liberté céleste aime les bons rameurs,
Mais elle goûte peu nos oisives humeurs ;
Sa robe est relevée, et, belle voyageuse,
Pour notre peuple elle est trop rude et trop marcheuse.
Sybarite au poil noir, et gras voluptueux,
Adorateur sacré du parmesan glueux,
Il a le cœur au ventre, et le ventre à la tête :
Chanter, boire, manger, dormir, voilà sa fête,
Et, le dos prosterné sur ses larges pavés,
Il n'a les bras tendus et les regards levés
Que vers le ciel lardé de ses pâtisseries ;
Il n'adore qu'un dieu, le dieu des porcheries ;
Il admire son corps, il le trouve très-beau,
Et craint le mal que fait un glaive dans la peau.

LE PÊCHEUR.

O frère ! il a raison. Mais la mélancolie
A versé dans ta veine une bourbeuse lie ;

Le génie a toujours monté l'homme à l'orgueil,
Et tu vois ton pays avec un mauvais œil.
Du peuple il faut toujours, poëte! qu'on espère,
Car le peuple, après tout, c'est de la bonne terre,
La terre de haut prix, la terre de labour;
C'est le sillon doré qui fume au point du jour,
Et qui, rempli de séve et fort de toute chose,
Enfante incessamment et jamais ne repose.
C'est lui qui pousse aux cieux les chênes les plus hauts,
C'est lui qui fait jaillir les hommes les plus beaux.
Sous la bêche et le soc, il rend outre mesure
Des moissons de bienfaits pour le mal qu'il endure :
On a beau le couvrir de fange et de fumier,
Il change en épi d'or tout élément grossier;
Il prête à qui l'embrasse une force immortelle;
De tout haut monument c'est la base éternelle;
C'est le genou de Dieu, c'est le divin appui :
Aussi, malheur! malheur à qui pèse sur lui!

SALVATOR.

Hélas! si tu savais le mal que la pensée
Fait au cœur, quand dehors elle n'est point poussée,
Tu crirais comme moi; mais, homme simple et bon,
Tu ne peux concevoir quelle est ma passion,
La mortelle souffrance et le désespoir sombre
D'être enfant du soleil et de vivre dans l'ombre.
Oh! non, tu ne sais pas combien il est amer
De déployer son aile et n'avoir jamais d'air.
Et cependant la mort vient à grandes journées,
Sur nos fronts d'un vol lourd s'abattent les années,
Et le glaive que Dieu nous remit dans la main
Se rouille en attendant toujours au lendemain.
Faute de nourriture, on voit mourir sa flamme;
Chaque jour on s'en va, le corps mangé par l'âme,
Et le mâle talent, solitaire et perdu,
Moisit comme un habit dans le coffre étendu,
Le génie a besoin de liberté pour vivre;
Il faut un large verre à l'homme qui s'enivre.

Quant à moi, je suis las d'attendre l'ouragan,
Chaque jour de compter sur un bond du volcan,
Le visage couvert de la pâleur du cierge,
De gémir comme eunuque embrassant une vierge :
Puisque le peuple ici dort la foudre à la main,
J'irai chercher ailleurs quelque chose d'humain.

LE PÊCHEUR.

O vrai cœur de poëte ! âme pleine d'envie,
Nature dévorante et jamais assouvie,
Enfant toujours repu, mais qui hurles toujours,
Ne peux-tu pas encore attendre quelques jours ?
Si le don d'un cœur noble et d'un visage austère
Te retire du monde et te fait solitaire,
Si tu fuis loin de nous, ô mon bon frère, ô toi !
Prends garde de tomber au vil amour de soi,
Dans le sentier commun où marchent tous les hommes ;
Fuis la perdition de tous tant que nous sommes,
L'écueil le plus fatal sous la voûte des cieux ;
Songe que de là-haut nous regardent les dieux,

Et que s'ils ont doué quelque âme d'énergie,
C'est pour le bien commun, et qu'au bout de la vie
Ils demanderont compte à tous de leurs travaux,
A moi de ma parole, à toi de tes pinceaux.
Faisons chœur, Salvator, et prenons patience ;
La patience rend légère la souffrance :
Toujours une grande âme, en butte aux coups du sort,
Sous ce manteau divin se résigne et s'endort.

SALVATOR.

Ami, tu parles bien, mais notre sol superbe
Corrompt le pur froment et ne fait que de l'herbe ;
Ce qu'on sème dessus perd bientôt sa valeur :
Je n'en attends plus rien, et je m'en vais, pêcheur !
Adieu, Naples ! salut, terre de la Calabre !
Écueils toujours fumants où la vague se cabre,
O vieux mont Gargano, sommet échevelé,
Rocs cambrés et noircis, au poil long et mêlé,
Nature vaste et chaude et féconde en ravages,
O terre, ô bois, ô monts, ô désolés rivages !

Recevez-moi parmi vos sombres habitants,
Car je veux me mêler à leurs troupeaux errants;
Je veux manger le pain de tout être qui pense,
Goûter la liberté sur la montagne immense.
Là seulement encor l'homme est plein de beauté,
Car le sol qui le porte a sa virginité;
Là, je pourrai de Pan faire ma grande idole,
Là, je vivrai longtemps comme l'aigle qui vole.
Enfin là, quand la mort viendra glacer mes flancs,
Je n'aurai pas le corps cerclé de linges blancs,
Je rendrai librement ma dépouille à la terre;
Et l'antique Cybèle alors, ma noble mère,
Dans son ventre divin m'absorbant tout entier,
Je disparaîtrai là comme un peu de fumier,
Comme un souffle perdu sous la voûte sublime,
Comme la goutte d'eau qui rentre dans l'abîme,
Sans laisser après moi ce qui toujours vous suit,
La laideur d'un squelette et l'écho d'un vain bruit.

DOMINIQUIN.

Bel ange inspirateur de tout génie humain,
Noble fille des cieux, divine solitude,
Toi qui vis saintement et le front dans la main
Loin des pas du vulgaire et de la multitude!

O nourrice de l'art! ô mère de l'étude!
Tu reçus dans tes bras le grand Dominiquin;
Et sur ce noble cœur rongé d'inquiétude
Tu versas à longs flots ton calme souverain.

Hélas! pour lui le ciel fut longtemps sans lumière;
Bœuf sublime, à pas lourds il creusa son ornière
Aux cris des envieux hurlant à son côté :

Mais à son lit de mort, comme au vieux saint Jérôme,
La gloire ouvrit pour lui le céleste royaume
Et lui donna le pain de l'immortalité.

LÉONARD DE VINCI

Salut, grand Florentin adoré du Lombard,
Au front majestueux, à la barbe luisante !
Devant toi je m'incline, ô noble Léonard,
Plus que devant un prince à l'armure éclatante !

Ah ! que sont les grandeurs que la victoire enfante,
A côté des trésors de ton âme, ô vieillard ?
Que sont les vains lauriers de la guerre sanglante,
Près des fleurons divins du savoir et de l'art ?

Honneur, honneur à toi ! ta sublime nature
Sut à la fantaisie unir la raison pure,
Contenir à la fois deux pouvoirs merveilleux ;

Semblable à l'astre d'or, qui, dans la voûte immense
Montant et s'abaissant toujours plein de puissance,
Fertilise la terre en éclairant les cieux.

TITIEN

Quand l'art italien comme un fleuve autrefois
S'en venait à passer par une grande ville,
Ce n'était pas alors une eau rare et stérile,
Mais un fleuve puissant à la superbe voix.

Il allait inondant les palais jusqu'aux toits,
Les dômes suspendus par une main débile;
Il reflétait partout dans son cristal mobile
Le manteau bleu des cieux et la pourpre des rois.

Puis avec majesté sur la vague aplanie
Il emportait alors un homme de génie,
Un grand Vénitien, à l'énorme cerveau;

Et prenant avec lui sa course vagabonde,
Il le roulait un siècle au courant de son onde,
Et ne l'abandonnait qu'aux serres d'un fléau.

BIANCA

A M. Léon de Wailly.

Dans la noble Venise, autrefois, l'on raconte
Qu'un riche gentilhomme, un sénateur, un comte,
Eut pour fille une enfant qu'on appelait Bianca ;
Dans Venise voici ce qui lors arriva.
Ainsi que toute fille et toute Italienne,
Paresseuse à ravir, notre Vénitienne,
Blanche comme une étoile, et comme faite au tour,
Au balcon du palais demeurait tout le jour :
Tantôt elle peignait ses longues tresses blondes,
Tantôt elle voyait courir les vertes ondes,
Ou regardait sans voir, ou, laissant là ses jeux,
Suivait un beau nuage égaré dans les cieux.
A la fenêtre en face, un enfant de Florence
Chez un vieil argentier logeait par occurrence ;

De sa plume il gagnait son pain de tous les soirs.

Mais cet enfant divin sous ses longs cheveux noirs,

Pensif à son bureau, d'un œil mélancolique

Regardait si souvent cette tête angélique,

Qu'il oubliait toujours sa tâche et son devoir.

Or, à force de temps, à force de se voir,

Ces deux jeunes enfants, dans leur candeur d'apôtre,

Crurent que le bon Dieu les donnait l'un à l'autre;

Ils se prirent de cœur, ils s'aimèrent d'amour,

Et leur feu mutuel grandit de jour en jour.

Ce feu devint si vif, que par une nuit brune,

Une nuit où la ville avait très-peu de lune;

Tandis que tout dormait dans l'antique maison,

La pauvre jeune fille oublia sa raison,

Et, laissant derrière elle une porte entr'ouverte,

Elle s'en fut dehors, seule et d'un pied alerte.

Oh! je laisse à penser dans le mince taudis

Quelle fête d'amour! ce fut le paradis.

Aussi ces deux enfants, ces douces créatures,

Ces deux corps si parfaits, ces royales natures,

Si dirent tant de mots, versèrent tant de pleurs,
Que la nuit tout entière écouta leurs douleurs.
Il fallut cependant quitter la chambre sombre.
Pâle et gelée alors comme une neige à l'ombre,
Bianca rapidement, et le corps tout plié,
Retraversa le pont sur la pointe du pié.
Mais l'aube était debout, et, réveillant la brise,
Ses pieds frais rougissaient les grands toits de Venise;
Le vent remuait l'onde, et la vague des mers
Luisait dans les canaux en mille carreaux verts;
Les pigeons de Saint-Marc volaient sur les coupoles;
Le long des piliers blancs tremblotaient les gondoles;
Il était jour, grand jour, et là douce Bianca,
Lorsqu'au seuil paternel tremblante elle toucha,
Elle se laissa là tomber comme une morte;
Un passant de bonne heure avait fermé la porte.

Certes, s'il fut jamais un touchant souvenir,
Un souvenir d'amour qui plaise à revenir,
Comme ces airs divins qu'on veut toujours entendre,
Ah! c'est bien cet amour mélancolique et tendre

10

Qui prit deux jeunes cœurs avec naïveté,

Comme aux jours de la pure et belle antiquité ;

C'est bien cet amour franc sorti de la nature,

Qui vit de confiance et jamais d'imposture,

Qui se donne sans peine et ne marchande pas

Comme le faux amour de nos tristes climats.

Bianca, ton joli nom, lorsqu'il flotte à la bouche,

D'un charme toujours neuf vous remue et vous touche

Et comme le parfum nage autour de la fleur,

Sur Venise il épanche une amoureuse odeur.

Toujours dans les canaux où la rame vous chasse,

Comme un fantôme doux ton image repasse ;

Toujours l'on pense à toi, toujours l'on ne peut voir

Au faîte d'un balcon, à l'approche du soir,

Une fille vermeille, assise et reposée,

Sans porter les regards vers une autre croisée,

Et chercher vaguement, à travers le lointain,

Si l'on n'aperçoit pas ton jeune Florentin.

Enfin, le souvenir de ta chère folie

Est tel, que l'astre aimé de la molle Italie,

L'astre que sa voix d'or nomme encor la Diva,

La légère Phœbé, la blonde Cynthia,
Ne peut verser les flots de sa blanche lumière,
Sans qu'il vous semble encor sur les grands ponts de pierre,
Et sur les escaliers dans les ondes perdus,
Ouïr flotter ta robe et courir tes pieds nus.

Ah! quand l'été jadis fleurissait dans les âmes,
Quand l'Amour, cet oiseau qui chante au cœur des femmes,
Sur terre s'abattait de tous les coins du ciel,
Quand tous les vents sentaient et la rose et le miel,
Au beau règne des fleurs, quand chaque créature
Maniait noblement sa divine nature,
Venise, il était doux, sous tes cieux étouffants,
D'aspirer ton air pur comme un de tes enfants;
Il était doux de vivre aux chansons des guitares,
Car, ainsi qu'aujourd'hui, les chants n'étaient pas rares;
Les chants suivaient partout les plaisirs sur les eaux,
Les courses à la rame, à travers les canaux,
Et les beaux jeunes gens guidant les demoiselles
Alertes et gaîment sur les gondoles frêles.
Alors, après la table, une main dans la main,

On dansait au Lido jusques au lendemain;
Ou bien vers la Brenta, sur de fraîches prairies,
On allait deux à deux perdre ses rêveries,
Et sur l'herbe écouter l'oiseau chanter des vers
En l'honneur des zéphyrs qui chassaient les hivers.
Alors jeunes et vieux avaient la joie en tête,
Toute la vie était une ivresse parfaite,
Une longue folie, un long rêve d'amour,
Que la nuit en mourant léguait encore au jour;
On ne finissait pas de voir les belles heures
Danser d'un pied léger sur les nobles demeures;
Venise était puissante, et les vagues alors
Comme au grand Salomon lui roulant des trésors,
Sous son manteau doré, sa pourpre orientale,
Le front tout parfumé de l'écume natale,
Elle voyait ses fils épris de sa beauté
Dans ses bras délicats mourir de volupté.

Mais le bonheur suprême en l'univers ne dure,
C'est une loi qu'il faut que toute chose endure,
Et l'on peut aux forêts comparer les cités.

En fait de changements et de caducités :
Comme le tronc noirci, comme la feuille morte,
Que l'hiver a frappés de son haleine forte,
Le peuple de Venise est tout dénaturé !
C'est un arbre abattu sur un sol délabré,
Et l'on sent, à le voir ainsi, que la misère
Est le seul vent qui souffle aujourd'hui sur sa terre.
Il n'est sous les manteaux que membres appauvris ;
La faim maigre apparaît sur tous les corps flétris ;
Partout le bras s'allonge et demande l'aumône ;
La fièvre à tous les fronts étend sa couleur jaune,
Et d'un flot sale et noir Neptune vainement
Bat, dans le port, le dos de quelque bâtiment.
On n'entend plus gémir sous leurs longues antennes
Les galères partant pour les îles lointaines ;
Le marteau des chantiers n'éveille plus d'échos,
Et le désert lui-même est au fond des cachots.
Voilà pour le dehors : au dedans, la tristesse
A tous les seuils branlants debout comme une hôtesse ;
Les palais démolis pleurant leurs habitants ;
La famille écroulée, et comme au mauvais temps

Les oiseaux du bon Dieu, faute de nourriture,
Volent aux cieux lointains chercher de la pâture,
Les jeunes gens faisant usage de leurs piés
Et laissant dans un coin leurs parents oubliés :
Alors tout ce qui touche à la décrépitude
S'éteint dans l'abandon et dans la solitude ;
Et la vieillesse pauvre ici, comme partout,
N'inspire à l'être humain que mépris et dégoût.
Enfin Venise, au sein de son Adriatique,
Expire chaque jour comme une pulmonique ;
Elle est frappée au cœur et ne peut revenir.
Le Destin a flétri son royal avenir,
Et pour longtemps sevré sa lèvre enchanteresse
Du vase d'Orient que lui tendait la Grèce.
Bien qu'il lui reste encore une rougeur au front,
Dans ses flancs épuisés nulle voix ne répond ;
Pour dominer les flots et commander le monde
Sa poitrine n'est plus assez large et profonde ;
C'en est fait de Venise, elle manque de voix ;
L'homme et les éléments l'accablent à la fois.
Comme un taureau qui court à travers les campagnes,

Le fougueux Éridan, descendu des montagnes,
De sable et de limon couvre ses nobles piés;
Puis la mer, relevant ses crins humiliés,
Ne la respecte plus, et tous les jours dérobe
Un des pans dégradés de sa superbe robe.
Elle tombe, elle meurt, la plus belle cité !
Et l'homme sans respect pour tant de pauvreté,
Le Goth, prenant en main sa brune chevelure,
D'une langue barbare et d'une verge dure,
A la honte des rois, outrage son beau flanc,
Le meurtrit sans relâche et le bat jusqu'au sang.

Venise, dans ton sein aujourd'hui que peut être
L'amour ? Ah ! sans frémir on ne peut le connaître,
On ne peut le trouver dans ces lugubres lieux;
Sans gémir longuement ou détourner les yeux.
Des pauvres gondoliers les chansons et les rames
Ne servent plus ici qu'à des amours infâmes,
Des amours calculés, sans nulle passion,
Comme il en faut aux fils de la corruption.
Aussi lorsque le soir un chant mélancolique,

Un beau chant alterné comme une flûte antique,
S'en vient saisir votre âme et vous élève aux cieux,
Vous pensez que ce chant, cet air mélodieux,
Est le reflet naïf de quelque âme plaintive
Qui, ne pouvant le jour, dans la ville craintive,
Épancher à loisir le flot de ses ennuis,
Par la douceur de l'air et la beauté des nuits
S'abandonne sans peine à la musique folle,
Et, la rame à la main, doucement se console.
Alors penchant la tête, et pour mieux écouter,
Vous regardez les flots qui viennent de chanter :
Et la gondole passe, et sur les vagues brunes
Son flambeau luit et meurt au milieu des lagunes;
Et vous, toujours tourné vers le point lumineux,
Le cœur toujours rempli de ces chants savoureux
Qui surnagent encor sur la vague aplanie,
Vous demandez quelle est cette lente harmonie,
Et vers quels bords lointains fuit ce concert charmant.
Alors, quelque passant vous répond tristement :
« Ce sont des habitants des lieux froids de l'Europe,
« De pâles étrangers que la brume enveloppe,

« Qui, sans amour chez eux, à grands frais viennent voir
« Si Venise en répand sur ses ondes, le soir.
« Or, ces hommes sans cœur, comme gens sans famille,
« Ont acheté le corps d'une humble et belle fille,
« Et pour combler l'orgie, avec quelques deniers,
« Ils font chanter le Tasse aux pauvres gondoliers. »

Oh! profanation des choses les plus saintes,
Éternel aliment de soupirs et de plaintes,
Insulte aux plus beaux dons que la Divinité
Ait, dans un jour heureux, faits à l'humanité!
O limpides fragments du divin diadème!
Vous, que le grand poëte a détachés lui-même
Pour consoler la terre, et, dans vos saints reflets,
Lui montrer la splendeur des célestes palais!
O poésie, amour, perles de la nature!
Des beautés de ce monde essence la plus pure,
Sublimes diamants et joyaux radieux,
Semés à tous les plis de la robe des cieux,
Qu'a-t-on fait du trésor de vos pures lumières?
Pourquoi, divins objets, rouler dans les poussières?

Avez-vous tant perdu de valeur et de prix,
Que les hommes pour vous n'aient plus que du mépris?
Ah! malheur aux mortels qui traînent par les fanges
L'éclat pur et serein de l'image des anges!
Malheur! cent fois malheur à tous les cœurs méchants
Qui poussent la beauté sur leurs tristes penchants!
Malheur aux esprits froids, aux hommes de la prose,
Éternels envieux de toute grande chose,
Qui, n'éveillant sur terre aucun écho du ciel
Et toujours enfouis dans le matériel,
Chassent d'un rire amer les divines pensées,
Comme au fond des grands bois les nymphes dispersées!
Si du malheur des temps l'épouvantable loi
Veut, hélas! aujourd'hui, que les hommes sans foi
Et tous les corrompus prévalent dans le monde,
Si tout doit s'incliner devant leur souffle immonde,
Et, sous un faux semblant de civilisation,
Si l'univers entier subit leur action;
Si le rire partout tranche l'aile de l'âme,
Si le boisseau fatal engloutit toute flamme;
Amour et poésie, anges purs de beauté,

Reprenez votre essor vers la Divinité,
Regagnez noblement votre ciel solitaire,
Et sans regret aucun de cette vile terre
Partez; car ici-bas, vous laissez après vous
Un terrible fléau qui vous vengera tous.
Oui, vous laissez un mal dont les rudes épines
Feront jaillir du sang des plus fortes poitrines;
Un mal sans nul remède, une langueur de plomb
Qui courbera partout les têtes comme un jonc;
Qui creusera, bien plus que ne fait la famine,
Tous les corps chancelants que sa dent ronge et mine;
Un vent qui séchera la vie en un instant
Comme au coin des palais la main du mendiant;
Qui la fera déserte, et qui poussera l'homme
A toutes les fureurs des débauches de Rome:
L'ennui! l'ennui prendra les races au berceau,
Et, d'un vertige affreux frappant chaque cerveau,
Sous le manteau de soie ou la robe de laine,
Il pourrira les cœurs de sa mordante haleine
Maintenant, ouvrez l'aile, ô poésie, amour,
Et montez sans regret vers le divin séjour!

L'ADIEU

Ah! quel que soit le deuil jeté sur cette terre
Qui par deux fois du monde a changé le destin,
Quels que soient ses malheurs et sa longue misère,
On ne peut la quitter sans peine et sans chagrin.

Ainsi, près de sortir du céleste jardin,
Je me retourne encor sur les cimes hautaines,
Pour contempler de là son horizon divin
Et longtemps m'enivrer de ses grâces lointaines.

Et puis le froid me prend et me glace les veines,
Et tout mon cœur soupire, oh! comme si j'avais,
Aux champs de l'Italie et dans ses larges plaines,
De mes jours effeuillé le rameau le plus frais,

Et sur le sein vermeil de la brune déesse
Épuisé pour toujours ma vie et ma jeunesse.

Divine Juliette au cercueil étendue,

Toi qui n'es qu'endormie et que l'on croit perdue,

Italie, ô beauté! si, malgré ta pâleur,

Tes membres ont encor gardé de la chaleur;

Si du sang généreux coule encor dans ta veine;

Si le monstre qui semble avoir bu ton haleine,

La Mort, planant sur toi comme un heureux amant,

Pour toujours ne t'a pas clouée au monument;

Si tu n'es pas enfin son entière conquête :

Alors quelque beau jour tu lèveras la tête,

Et, privés bien longtemps du soleil, tes grands yeux

S'ouvriront pour revoir le pur éclat des cieux;

Puis ton corps, ranimé par la chaude lumière,

Se dressera tout droit sur la funèbre pierre.

Alors, être plaintif, ne pouvant marcher seul,
Et tout embarrassé des longs plis du linceul,
Tu chercheras dans l'ombre une épaule adorée;
Et, les deux pieds sortis de la tombe sacrée,
Tu voudras un soutien pour faire quelques pas.
Alors à l'étranger, oh! ne tends point les bras :
Car ce qui n'est pas toi, ni la Grèce ta mère,
Ce qui ne parle point ton langage sur terre
Et ne respire pas sous ton ciel enchanteur,
Trop souvent est barbare et frappé de laideur.
L'étranger ne viendrait sur ta couche de lave
Que pour te garrotter comme une blanche esclave;
L'étranger corrompu, s'il te donnait la main,
Avilirait ton front et flétrirait ton sein,
Belle ressuscitée, ô princesse chérie,
N'arrête tes yeux noirs qu'au sol de la patrie;
Dans tes fils réunis cherche ton Roméo,
Noble et douce Italie, ô mère du vrai beau!

LAZARE

POËME

1837

A LA MÉMOIRE

de M. Eugène de La Glandière.

LAZARE

PROLOGUE

Je m'embarque aujourd'hui sur la plaine brumeuse
    Où le vent souffle et, sans repos,
Hérisse les crins verts de la vague écumeuse,
    Et bondit sur son large dos.

A travers le brouillard et l'onde qui me mouille,
    Les cent voix du gouffre béant,
Je m'en vais aborder ce grand vaisseau de houille
    Qui fume au sein de l'Océan,

PROLOGUE.

La nef aux flancs salés qu'on nomme l'Angleterre :
  O sombre et lugubre vaisseau,
Je vais voir ce qu'il faut de peine et de misère
  Pour te faire flotter sur l'eau!

Je vais voir si les mers nouvelles où tu traînes
  La flottille des nations
Auront moins de vaincus, de victimes humaines,
  Ensevelis dans leurs sillons,

Si le pauvre Lazare est toujours de ce monde,
  Et si, par ta voile emporté,
Toujours les maigres chiens lèchent la plaie immonde
  Qui saignait à son flanc voûté.

Ah! ma tâche est pénible, et grande mon audace!
  Je ne suis qu'un être chétif,
Et peut-être bien fou contre une telle masse
  D'aller heurter mon frêle esquif.

PROLOGUE.

Je sais que bien souvent, ô puissante Angleterre!
  Des rois et des peuples altiers
Ont vu leurs armements et leur grande colère
  Se fondre en écume à tes pieds;

Je connais les débris qui recouvrent la plage,
  Les mâts rompus et les corps morts;
Mais il est dans le ciel un Dieu qui m'encourage
  Et qui m'entraîne loin des bords.

O toi! qui du plus haut de cette voûte ronde,
  D'un œil vaste et toujours en feux,
Sondes les moindres coins des choses de ce monde
  Et perces les plus sombres lieux;

Toi qui lis dans les cœurs de la famille humaine
  Jusqu'au dessein le plus caché,
Et qui vois que le mien par le vent de la haine
  N'est pas atteint et desséché;

PROLOGUE.

O grand-Dieu! sois pour moi ce que sont les étoiles
    Pour le peuple des matelots;
Que ton souffle puissant gonfle mes faibles voiles,
    Pousse ma barque sur les flots;

Écarte de mon front les ailes du vertige,
    Éloigne cet oiseau des mers
Qui tout autour des mâts se balance et voltige;
    Et, dans le champ des flots amers,

Quelles que soient, hélas! les choses monstrueuses
    Dont mon œil soit épouvanté,
Oh! maintiens-moi toujours dans les routes heureuses
    De l'éternelle vérité.

LONDRES

C'est un espace immense et d'une longueur telle
Qu'il faut pour le franchir un jour à l'hirondelle,
Et ce n'est, bien au loin, que des entassements
De maisons, de palais et de hauts monuments,
Plantés là par le temps sans trop de symétrie ;
De noirs et longs tuyaux, clochers de l'industrie,
Ouvrant toujours la gueule, et de leurs ventres chauds
Exhalant dans les airs la fumée à longs flots ;
De vastes dômes blancs et des flèches gothiques
Flottant dans la vapeur sur des monceaux de briques ;
Un fleuve inabordable, un fleuve tout houleux
Roulant sa vase noire en détours sinueux,

Et rappelant l'effroi des ondes infernales ;
De gigantesques ponts aux piles colossales,
Comme l'homme de Rhode, à travers leurs arceaux,
Pouvant laisser passer des milliers de vaisseaux ;
Une marée infecte et toujours avec l'onde
Apportant, remportant les richesses du monde ;
Des chantiers en travail, des magasins ouverts,
Capables de tenir dans leurs flancs l'univers ;
Puis un ciel tourmenté, nuage sur nuage ;
Le soleil, comme un mort, le drap sur le visage,
Ou, parfois, dans les flots d'un air empoisonné
Montrant comme un mineur son front tout charbonné ;
Enfin, dans un amas de choses, sombre, immense,
Un peuple noir, vivant et mourant en silence,
Des êtres par milliers suivant l'instinct fatal,
Et courant après l'or par le bien et le mal.

BEDLAM

Ah! la mer est terrible au fort de la tempête,
Lorsque, levant aux cieux sa vaste et lourde tête,
Elle retombe et jette aux pâles riverains
Parmi les flots blanchis des cadavres humains;
L'incendie est terrible autant et plus encore,
Quand de sa gueule en flamme il étreint et dévore
Comme troupeaux hurlants les immenses cités.
Mais ni le feu ni l'eau, dans leurs lubricités
Et les débordements de leur rage soudaine,
D'un frisson aussi vif ne glacent l'âme humaine
Et ne serrent le cœur, autant que le tableau
Qu'offrent les malheureux qui souffrent du cerveau.

BEDLAM.

L'aspect tumultueux des pauvres créatures
Qui vivent, ô Bedlam! sous tes voûtes obscures!

Quel spectacle en effet à l'homme présenté,
Que l'homme descendant à l'imbécillité!
Voyez ce bloc de chair! Ainsi que dans l'enfance,
C'est un buste tout nu retombant en silence
Sur des reins indolents, — des genoux sans ressorts,
Des bras flasques et mous, allongés sur le corps
Comme les rameaux secs d'une vigne traînante;
Puis la lèvre entr'ouverte et la tête pendante,
Le regard incertain sur le globe des yeux,
Et le front tout plissé comme le front d'un vieux,
Et pourtant il est jeune. — Oui; mais déjà la vie,
Comme un fil, s'est usée aux doigts de la Folie,
Et la tête d'un coup, dans ses hébétements,
Sur le reste du corps a gagné soixante ans.
Ce n'est plus désormais qu'une machine vile
Qui traîne, sans finir, son rouage inutile;
Pour lui le ciel est vide et le monde désert;
L'été, sans l'émouvoir, passe comme l'hiver;

BEDLAM.

Le sommeil, quand il vient, ne lui porte aucun rêve.
Son œil s'ouvre sans charme au soleil qui se lève ;
Il n'entend jamais l'heure, et vit seul dans le temps,
Comme un homme la nuit égaré dans les champs ;
Enfin, toujours muet, la salive à la bouche,
Incliné nuit et jour, il rampe sur sa couche ;
Car, le rayon divin une fois obscurci,
L'homme ne soutient plus le poids de l'infini ;
Loin du ciel il s'abaisse et penche vers la terre :
La matière sans feu retourne à la matière.

Maintenant, écoutez cet autre en son taudis ;
Sur sa couche en désordre et quels bonds et quels cris !
Le silence jamais n'habite en sa muraille ;
La fièvre est toujours là le roulant sur la paille,
Et promenant, cruelle, un tison sur son flanc,
Ses deux yeux retournés ne montrent que le blanc ;
Ses poings, ses dents serrés ont toute l'énergie
D'un ivrogne au sortir d'une sanglante orgie.
S'il n'était pas aux fers, ah ! malheur aux humains
Qui tomberaient alors sous ses robustes mains !

Malheur! la force humaine est double en la démence;
Laissez-la se ruer en un espace immense,
Libre, elle ébranlera les pierres des tombeaux,
Des plus hauts monuments les solides arceaux,
Et ses bras musculeux et féconds en ruines
Soulèveraient un chêne et ses longues racines.
Mais, couché sur la terre, en éternels efforts
Le malheureux s'épuise, et devant ses yeux tors
Le mal, comme une roue aux effroyables jantes,
Agite de la pourpre et des lames brûlantes;
Et la destruction, vautour au bec crochu,
Voltige, nuit et jour, sur son front blême et nu;
Puis les longs hurlements, les courts éclats de rire,
Comme sillons de feu traversent son délire.
Mais le pire du mal en ce vagissement,
Le comble de l'horreur n'est pas le grincement
Du délire chantant sa conquête sublime
Par le rude gosier de sa triste victime,
C'est la mort toujours là, la mort toujours auprès,
Frappant l'être à demi sans l'achever jamais.

Et telles sont pourtant les colonnes d'Hercule,

Les piliers devant qui tout s'arrête ou recule,
Les blocs inébranlés où les générations
L'une après l'autre vont fendre et briser leurs fronts;
Le dilemme fatal aux plus sages des hommes,
Le rendez-vous commun de tous tant que nous sommes,
Où l'un vient pour avoir vécu trop hors de soi,
Et n'être en son logis resté tranquille et coi,
L'autre, parce qu'il a regardé sans mesure
Dans l'abîme sans fond de sa propre nature;
Celui-ci par le mal, celui-là par vertu;
Tous hélas! quel que soit le mobile inconnu,
Par l'éternel défaut de notre pauvre espèce,
La misère commune et l'humaine faiblesse;
Et, de ce vaste cercle où tout semble aboutir,
Où les deux pieds entrés, l'on ne peut plus sortir,
Où, gueux, roi, noble et prêtre, enfin la tourbe humaine
Tourne au souffle du sort comme une paille vaine,
La porte la plus grande et le plus vaste seuil
Par où passe le plus de monde, c'est l'Orgueil;
Oui, l'orgueil est la voie entraînante, insensée,
Qui de nos jours conduit presque toute pensée

Au morne idiotisme, à l'aveugle fureur...
O Bedlam ! monument de crainte et de douleur
D'autres pénétreront plus avant dans ta masse ;
Quant à moi, je ne puis que détourner la face,
Et dire que ton temple, aux cintres étouffants,
Est digne pour ses dieux d'avoir de tels enfants,
Et que le ciel brumeux de la sombre Angleterre
Peut servir largement de dôme au sanctuaire.

LE GIN

Sombre génie, ô dieu de la misère !
Fils du genièvre et frère de la bière,
Bacchus du Nord, obscur empoisonneur,
Écoute, ô Gin, un hymne en ton honneur.
Écoute un chant des plus invraisemblables,
Un chant formé de notes lamentables,
Qu'en ses ébats un démon de l'enfer
Laissa tomber de son gosier de fer.
C'est un écho du vieil hymne de fête
Qu'au temps jadis à travers la tempête
On entendait au rivage normand,
Lorsque coulait l'hydromel écumant ;

LE GIN.

Une clameur sombre et plus rude encore
Que le hourra dont le peuple centaure,
Dans les transports de l'ivresse, autrefois,
Épouvantait le fond de ses grands bois.

Dieu des cités! à toi la vie humaine
Dans le repos et dans les jours de peine,
A toi les ports, les squares et les ponts,
Les noirs faubourgs et leurs détours profonds,
Le sol entier sous son manteau de brume!
Dans tes palais quand le nectar écume
Et brille aux yeux du peuple contristé,
Le Christ lui-même est un dieu moins fêté
Que tu ne l'es : — car pour toi tout se damne,
L'enfance rose et se sèche et se fane,
Les frais vieillards souillent leurs cheveux blancs,
Les matelots désertent les haubans,
Et par le froid, le brouillard et la bise,
La femme vend jusques à sa chemise.
Du gin, du gin! — à plein verre, garçon!
Dans ses flots d'or, cette ardente boisson

Roule le ciel et l'oubli de soi-même ;
C'est le soleil, la volupté suprême,
Le paradis emporté d'un seul coup ;
C'est le néant pour le malheureux fou.
Fi du porto, du sherry, du madère,
De tous les vins qu'à la vieille Angleterre
L'Europe fait avaler à grands frais !
Ils sont trop chers pour nos obscurs palais.
Et puis le vin près du gin est bien fade ;
Le vin n'est bon qu'à chauffer un malade,
Un corps débile, un timide cerveau ;
Auprès du gin le vin n'est que de l'eau :
A d'autres donc les bruyantes batailles
Et le tumulte à l'entour des futailles,
Les sauts joyeux, les rires étouffants,
Les cris d'amour et tous les jeux d'enfants !
Nous, pour le gin, ah ! nous avons des âmes
Sans feu d'amour et sans désirs de femmes ;
Pour le saisir et lutter avec lui,
Il faut un corps que le mal ait durci.
Vive le gin ! au fond de la taverne,

LE GIN.

Sombre hôtelière, à l'œil hagard et terne,
Démence, viens nous décrocher les pots,
Et toi, la Mort, verse-nous à grands flots !

Hélas ! la Mort est bientôt à l'ouvrage,
Et, pour répondre à la clameur sauvage,
Son maigre bras frappe comme un taureau
Le peuple anglais au sortir du caveau.
Jamais typhus, jamais peste sur terre
Plus promptement n'abattit la misère ;
Jamais la fièvre, aux bonds durs et changeants,
Ne rongea mieux la chair des pauvres gens :
La peau devient jaune comme la pierre,
L'œil sans rayons s'enfuit sous la paupière,
Le front prend l'air de la stupidité,
Et les pieds seuls marchent comme en santé.
Pourtant, au coin de la première rue,
Comme un cheval qu'un boulet frappe et tue,
Le corps s'abat, et, sans pousser un cri,
Roulant en bloc sur le pavé, meurtri,
Il reste là dans son terrible rêve ;

Jusqu'au moment où le trépas l'achève.
Alors on voit passer sur bien des corps
Des chariots, des chevaux aux pieds forts;
Au tronc d'un arbre, au trou d'une crevasse
L'un tristement accroche sa carcasse;
L'autre en passant l'onde du haut d'un pont
Plonge d'un saut dans le gouffre profond.
Partout le gin et chancelle et s'abîme,
Partout la mort emporte une victime;
Les mères même, en rentrant pas à pas,
Laissent tomber les enfants de leurs bras;
Et les enfants, aux yeux des folles mères
Vont se briser la tête sur les pierres.

LE MINOTAURE

Allons, enfants ; marchons la nuit comme le jour ;
A toute heure, à tout prix, il faut faire l'amour,
Il faut, à tout passant que notre vue enflamme,
Vendre pour dix schellings nos lèvres et notre âme.

On prétend qu'autrefois, en un pays fort beau,
Un monstre mugissant, au poitrail de taureau,
Tous les ans dévorait en ses sombres caresses

Cinquante beaux enfants, vierges aux longues tresses :
C'était beaucoup, grand Dieu ! mais notre monstre à nous
Et notre dévorant aux épais cheveux roux,
Notre taureau, c'est Londre en débauche nocturne
Portant sur les trottoirs son amour taciturne.
Le vieux Londre a besoin d'immoler tous les ans
A ses amours honteux plus de cinquante enfants ;
Pour son vaste appétit il ravage la ville,
Il dépeuple les champs, et par soixante mille,
Soixante mille au moins vont tomber sous ses coups,
Les plus beaux corps du monde et les cœurs les plus doux.

Hélas ! d'autres sont nés sur la plume et la soie !
D'autres ont hérité des trésors de la joie,
Partant de la vertu. — Pour moi la pauvreté
M'a reçue en ses bras, sitôt que j'eus quitté
Le déplorable flanc de ma féconde mère.
O triste pauvreté, mauvaise conseillère,
Fatale entremetteuse, à quels faits monstrueux
Livrez-vous quelquefois le seuil des malheureux ?
Vous avez attendu que je devinsse belle

Et lorsque sur mon sein, fleur pudique et nouvelle,
La nature eut versé les plus purs de ses dons,
Une fraîcheur divine et de grands cheveux blonds,
Vous avez aussitôt montré ma rue obscure
A l'œil louche et sanglant de l'ignoble luxure.

Moi, j'étais riche, mais une divinité
Qui foule tant de cœurs sous son pied argenté,
La froide convenance, à l'œil terne et sans larmes,
Passant par mon logis et me trouvant des charmes,
Me jeta dans les bras d'un homme sans amour;
Un autre avait mon cœur, on le sut trop un jour.
De là ma chute immense, effrayante, profonde,
Chute dont rien ne peut me relever au monde,
Ni pleurs, ni repentirs. — Une fois descendus
Dans la fange du mal, les pieds n'en sortent plus.
Malheur en ce pays aux pauvres Madeleines!
Bien peu d'êtres, hélas! dans nos villes chrétiennes,
Osent prendre pitié de leurs longues douleurs,
Et leur tendre la main pour essuyer leurs pleurs.

Et moi, mes sœurs, et moi, ce n'est pas l'adultère
Et son dur châtiment qui firent ma misère,
Mais une autre femelle au visage éhonté ;
Un enfant de l'Orgueil, l'ardente Vanité,
Ce monstre qui chez nous sous mille formes brille,
Et de Londre au Japon pousse mainte famille
A sans cesse lutter de luxe et de splendeur,
Au prix de la fortune et souvent de l'honneur.
Ah ! par elle mon père a vu son opulence
Fondre comme l'écume au sein de l'onde immense,
Et mon cœur répugnant à prendre un bas état,
A s'user nuit et jour dans un travail ingrat,
De degrés en degrés, faible et pâle victime,
Je suis tombée au fond de l'effrayant abîme.

Gémissez, gémissez, mes sœurs, profondément ;
Mais si plaintif que soit votre gémissement,
Si poignantes que soient vos douleurs et vos peines,
Elles ne seront pas si vives que les miennes,
Elles ne coulent pas d'un fond plein de douceur,
Et n'ont pas comme moi l'amour seul pour auteur !

Ah! pourquoi de l'amour ai-je senti la flamme?
Pourquoi le lâche auquel j'ai livré ma jeune âme,
L'homme qui m'entraîna du logis paternel,
Méprisant sa parole et les feux de l'autel,
M'a-t-il abandonnée à la misère infime?
Je n'aurais point, le front battu des vents du crime,
Pour sauver mon enfant, comme Agar au désert,
Faute d'ange, trouvé le chemin de l'enfer.

Et partout l'on nous dit : Allez, femmes perdues!
Et les femmes, nos sœurs, en passant par les rues,
S'éloignent devant nous avec un cri d'horreur;
Nous troublons leur pensée et nous leur faisons peur.
Ah! nous les détestons! Ah! quelquefois nous sommes
Malheureuses au point qu'au front même des hommes
Il nous prend le désir d'attenter à leur peau,
De mettre avec nos mains leur visage en lambeau;
Car nous savons d'où vient leur épouvante sainte,
Nous savons que beaucoup ne tiennent qu'à la crainte
De déchoir dans le monde et de perdre leur rang,
Et que cette terreur est un ressort puissant

Que plus d'une avec soin, en mère de famille,
Dès le premier jupon passe au corps de sa fille.

Mais à quoi bon vouloir, par la plainte et les cris,
Nous venger des regards dont nos cœurs sont flétris?
Les malédictions retombent sur nos âmes.
Sous le poignet de l'homme et le mépris des femmes,
Ah! quoi que nous disions, nous aurons toujours tort;
Et nous ne pourrons rien changer à notre sort.
Il vaut mieux dans ce monde, épouvantable geôle,
Achever jusqu'au bout notre pénible rôle;
Il vaut mieux, aux clartés des théâtres en feux,
Étourdir chaque soir nos fronts silencieux;
Et que gin et whisky de leur onde enivrante,
Rallumant dans nos corps une vie expirante,
Nous fassent, s'il se peut, perdre le sentiment
D'un métier que l'enfer seul égale en tourment.

Enfin, pour nous enfin, si la vie est une ombre
Et la terre un bourbier, — la mort n'est pas si sombre;
Elle ne nous fait pas languir dans nos réduits,

Et nous jette bientôt, pêle-mêle et sans bruits,
Dans la fosse commune, immense sépulture.
O Mort ! ah ! quel que soit l'aspect de ta figure,
L'effet de tes yeux creux sur les pâles humains;
Quand sur nos corps usés tu poseras les mains,
Ton étreinte sera plus douce qu'on ne pense :
Car, au même moment où fuira l'existence,
Comme un sanglant troupeau de vautours destructeurs,
Nous verrons s'envoler les voraces douleurs
Et les mille fléaux dont les griffes impures
Faisaient tomber nos chairs en sales pourritures.

Allons, mes sœurs, marchons la nuit comme le jour;
A toute heure, à tout prix, trafiquons de l'amour,
Il le faut : ici-bas le destin nous a faites
Pour sauver le ménage et les femmes honnêtes.

LES BELLES COLLINES D'IRLANDE

Le jour où j'ai quitté le sol de mes aïeux,
La verdoyante Érin et ses belles collines,
Ah ! pour moi ce jour-là fut des plus malheureux.
Là, les vents embaumés inondent les poitrines ;
Tout est si beau, si doux, les sentiers, les ruisseaux,
Les eaux que les rochers distillent aux prairies,
Et la rosée en perle attachée aux rameaux,
O terre de mon cœur, ô collines chéries !

Et pourtant, pauvres gens, pêle-mêle et nu-pieds,
Sur le pont des vaisseaux près de mettre à la voile,
Hommes, femmes, enfants, nous allons par milliers

Chercher aux cieux lointains une meilleure étoile ;
La famine nous ronge au milieu de nos champs,
Et pour nous les cités regorgent de misère ;
Nos corps nus et glacés n'ont pour tous vêtements
Que les haillons troués de la riche Angleterre.

Pourquoi d'autres que nous mangent-ils les moissons
Que nos bras en sueur semèrent dans nos plaines ?
Pourquoi d'autres ont-ils pour habits les toisons
Dont nos lacs ont lavé les magnifiques laines ?
Pourquoi ne pouvons-nous rester au même coin,
Et, tous enfants, puiser à la même mamelle ?
Pourquoi les moins heureux s'en vont-ils le plus loin,
Et pourquoi quittons-nous la terre maternelle ?

Ah ! depuis trop longtemps il est un vent fatal
Qui loin des champs aimés nous incline la tête,
Un destin ennemi qui fait du nid natal
De notre belle terre un pays de tempête,
Le mépris et la haine... O ma patrie, hélas !
Pèserait-on si fort sur tes plages fécondes

Que ton beau sol un jour s'affaisserait bien bas,
Et que la verte Érin s'en irait sous les ondes!

Mais heureux les troupeaux qui paissent vagabonds
Les pâtures de trèfle en nos fraîches vallées!
Heureux les chers oiseaux qui chantent leurs chansons
Dans les bois frissonnants où passent leurs volées!
Oh! les vents sont bien doux dans nos prés murmurants,
Et les meules de foin ont des odeurs divines;
L'oseille et le cresson garnissent les courants
De tous vos clairs ruisseaux, ô mes belles collines!

LA LYRE D'AIRAIN

Quand l'Italie en délire,
L'Allemagne aux blonds cheveux,
Se partagent toutes deux
Les plus beaux fils de la lyre,
Hélas! non moins chère aux dieux,
La ténébreuse Angleterre,
Dans son île solitaire,
Ne sent vibrer sous sa main
Qu'un luth aux cordes d'airain.
Ah! pour elle Polymnie,
La mère de l'harmonie,
N'a que de rudes accents,

Et les bruits de ses fabriques
Sont les hymnes magnifiques
Et les sublimes cantiques
Qui font tressaillir ses sens.

Écoutez, écoutez, enfants des autres terres !
Enfants du continent, prêtez l'oreille aux vents
Qui passent sur le front des villes ouvrières,
Et ramassent au vol, comme flots de poussières,
Les cris humains qui montent de leurs flancs ;
Écoutez ces soupirs, ces longs gémissements
Que vous laisse tomber leur aile vagabonde,
Et puis vous me direz s'il est musique au monde
Qui surpasse en terreur profonde
Les chants lugubres qu'en ces lieux
Des milliers de mortels élèvent jusqu'aux cieux !

Là, tous les instruments qui vibrent à l'oreille
Sont enfants vigoureux du cuivre ou de l'airain :
Ce sont de durs ressorts dont la force est pareille
A cent chevaux piqués d'un aiguillon soudain ;

Ici, comme un taureau, la vapeur prisonnière
Hurle, mugit au fond d'une vaste chaudière,
Et, poussant au dehors deux énormes pistons,
Fait crier cent rouets à chacun de leurs bonds.
Plus loin, à travers l'air, des milliers de bobines,
Tournant avec vitesse et sans qu'on puisse voir,
Comme mille serpents aux langues assassines
Dardent leurs sifflements du matin jusqu'au soir.
C'est un choc éternel d'étages en étages,
Un mélange confus de leviers, de rouages,
De chaînes, de crampons se croisant, se heurtant,
Un concert infernal qui va toujours grondant,
Et dans le sein duquel un peuple aux noirs visages,
Un peuple de vivants rabougris et chétifs
Jette comme chanteur des cris sourds et plaintifs.

L'OUVRIER.

O maître ! bien que je sois pâle,
Bien qu'usé par de longs travaux
Mon front vieillisse, et mon corps mâle

Ait besoin d'un peu de repos ;
Cependant, pour un fort salaire,
Pour avoir plus d'ale et de bœuf,
Pour revêtir un habit neuf,
Il n'est rien que je n'ose faire.
Vainement la consomption,
La fièvre et son ardent poison
Lancent sur ma tête affaiblie
Les cent spectres de la folie,
Maître, j'irai jusqu'au trépas ;
Et si mon corps ne suffit pas,
J'ai femme, enfants que je fais vivre,
Ils sont à toi, je te les livre.

LES ENFANTS.

Ma mère, que de maux dans ces lieux nous souffrons !
L'air de nos ateliers nous ronge les poumons,
Et nous mourons, les yeux tournés vers les campagnes.
Ah ! que ne sommes-nous habitants des montagnes,
Ou pauvres laboureurs dans le fond d'un vallon ;

Alors traçant en paix un fertile sillon,

Ou paissant des troupeaux aux penchants des collines,

L'air embaumé des fleurs serait notre aliment

Et le divin soleil notre chaud vêtement;

Et, s'il faut travailler sur terre, nos poitrines

Ne se briseraient pas sur de froides machines,

Et, la nuit nous laissant respirer ses pavots,

Nous dormirions enfin comme les animaux.

LA FEMME.

Pleurez, criez, enfants dont la misère

De si bonne heure a ployé les genoux,

Plaignez-vous bien : les animaux sur terre

Les plus soumis à l'humaine colère

Sont quelquefois moins malheureux que nous.

La vache pleine et dont le terme arrive

Reste à l'étable, et, sans labeur nouveau,

Paisiblement sur une couche oisive

Va déposer son pénible fardeau;

Et moi, malgré le poids de mes mamelles,

Mes flancs durcis, mes douleurs maternelles,
Je ne dois pas m'arrêter un instant :
Il faut toujours travailler comme avant,
Vivre au milieu des machines cruelles,
Monter, descendre, et risquer en passant
De voir broyer par leurs dures ferrailles,
L'œuvre de Dieu dans mes jeunes entrailles!

LE MAITRE.

Malheur au mauvais ouvrier
Qui pleure au lieu de travailler ;
Malheur au fainéant, au lâche,
A celui qui manque à sa tâche
Et qui me prive de mon gain ;
Malheur! il restera sans pain.
Allons, qu'on veille sans relâche,
Qu'on tienne les métiers en jeu ;
Je veux que ma fabrique en feu
Écrase toutes mes rivales,
Et que le coton de mes halles,

En quittant mes brûlantes salles

Pour habiller le genre humain,

Me rentre à flots d'or dans la main.

Et le bruit des métiers de plus fort recommence,

Et chaque lourd piston dans la chaudière immense,

Comme les deux talons d'un fort géant qui danse,

S'enfonce et se relève avec un sourd fracas.

Les leviers ébranlés entre-choquent leurs bras,

Les rouets étourdis, les bobines actives

Lancent leurs cris aigus, et les clameurs plaintives,

Les humaines chansons, plus cuisantes, plus vives,

Se perdent au milieu de ce sombre chaos,

Comme un cri de détresse au vaste sein des flots...

Ah! le hurlement sourd des vagues sur la grève,

Le cri des dogues de Fingal,

Le sifflement des pins que l'ouragan soulève

Et bat de son souffle infernal,

La plainte des soldats déchirés par le glaive,

Frappés par le boulet fatal,

Tous les bruits effrayants que l'homme entend ou rêve
A ce concert n'ont rien d'égal;
Car cette noire symphonie
Aux instruments d'airain, à l'archet destructeur,
Ce sombre oratorio qui fait saigner le cœur,
Sont bien souvent joués et chantés en partie
Par l'avarice et la douleur.

Et vous, heureux enfants d'une douce contrée
Où la musique voit sa belle fleur pourprée,
Sa fraîche rose au calice vermeil,
Croître et briller sans peine aux rayons du soleil,
Vous qu'on traite souvent dans cette courte vie
De gens mous et perdus aux bras de la folie,
Parce que doux viveurs, sans ennui, sans chagrins,
Vous respirez par trop la divine ambroisie
Que cette fleur répand sur vos brûlants chemins,
Ah! bienheureux enfants de l'Italie,
Tranquilles habitants des golfes aux flots bleus,
Beaux citoyens des monts, de champs voluptueux
Que le reste du monde envie :

Laissez dire l'orgueil au fond de ses frimas!
Et bien que l'Industrie, ouvrant de larges bras,
Épanche à flots dorés sur la face du monde
Les trésors infinis de son urne féconde,
Enfants dégénérés, oh! ne vous pressez pas
D'échanger les baisers de votre enchanteresse,
Et les illusions qui naissent sous ses pas,
  Contre les dons de cette autre déesse
Qui veut bien des humains soulager la détresse,
Mais qui le plus souvent ne leur accorde, hélas!
Qu'une existence rude et fertile en combats,
Où, pour faire à grand'peine un gain de quelques sommes,
Le fer use le fer, et l'homme use les hommes.

CONSCIENCE

O mon Dieu ! par combien d'effroyables chemins
Passent journellement des myriades d'humains !
Combien de malheureux sous ses monceaux de pierre
Toute large cité dérobe à la lumière !
Que d'êtres gémissants cheminent vers la mort,
Le visage hâlé par l'âpre vent du sort !
Le nombre en est vraiment immense, incalculable,
A vous faire jeter une plainte damnable ;
Mais ce qui vous rassure et vous surprend le plus,
C'est que dans ces troupeaux énormes de vaincus,
Ces millions de gueux voués à la souffrance,

Les moins forts bien souvent supportent l'existence
Sans qu'un cri de révolte, un cri de désespoir
Les écarte un seul jour des sentiers du devoir!
O blanche conscience! ô saint flambeau de l'âme!
Rayon pur émané de la céleste flamme,
Toi qui, dorant nos fronts de splendides reflets,
Nous tiras du troupeau des éternels muets,
Dieu dans le fond des cœurs ne te mit pas sans cause;
Conscience, il faut bien que tu sois quelque chose,
Que tu sois plus qu'un mot par l'école inventé,
Un nuage trompant l'œil de l'humanité,
Puisqu'il est ici-bas tant de maigres natures,
De pâles avortons, de blêmes créatures,
Tant d'êtres mal posés et privés de soutien,
Qui n'ont pour tout trésor, pour richesse et pour bien,
Dans l'orage sans fin d'une vie effrayante,
Que le pâle reflet de ta flamme ondoyante.

LA TAMISE

O toi qui marches en silence
Le long de ce rivage noir,
Et qui regardes l'onde immense,
Avec les yeux du désespoir,
Où vas-tu? — Je vais sans folie
Me débarrasser de la vie,
Comme on fait d'un mauvais manteau,
D'un habit que l'onde traverse,
D'un vêtement que le froid perce
Et qui ne tient plus sur la peau.

— A la mort, enfant d'Angleterre !
A la mort comme un indévot,
A la mort, quand sur cette terre
La vie abonde à large flot ;
Quand le pavé comme une enclume
Jour et nuit étincelle, fume ;
Et quand, armé d'un fort poitrail,
Le chef encor droit sur le buste,
Tu peux fournir un bras robuste
Et des reins puissants au travail ?

— Travaille ! est bien facile à dire ;
Travaille ! est le cri des heureux :
Pour moi la vie est un martyre,
Un supplice trop douloureux.
Dans mon humble coin, sans relâche,
Comme un autre j'ai fait ma tâche,
Et j'ai fabriqué, j'ai vendu,
J'ai brassé de la forte bière,
J'en ai lavé l'Europe entière,
Et le sort m'a toujours vaincu.

Ah ! si vous connaissiez cette île,
Vous sauriez quel est cet enfer ;
Que la brique rouge et stérile
Est aussi dure que le fer.
Bien rarement la porte s'ouvre
A celui que le haillon couvre,
Et l'homme, sans gîte la nuit,
Ose en vain, surmontant sa honte,
Soulever les marteaux de fonte :
Il n'éveille rien que le bruit.

Tout est muet et sourd... Que faire ?
Gueuser sur le bord du chemin ?
Mais l'on ne prête à la misère
L'oreille non plus que la main.
Ici ce n'est qu'en assemblée,
Dans une salle bien meublée,
Que le cœur fait la charité :
Il faut pour attendrir le riche,
Qu'une paroisse vous affiche
Au front le mot mendicité.

Avec cet écriteau superbe,
Alors on a, comme un mâtin,
On a de quoi ronger sur l'herbe
Les restes pourris du festin.
On vit tant bien que mal sans doute;
Mais, hélas! combien il en coûte
De vivre à la condition
D'essuyer de sa tête immonde
Le pied boueux de tout le monde,
Comme le plus bas échelon!

Horrible! horrible! ah! si la terre
Manquant à chacun de vos pas,
Au ciel alors, pauvre insulaire,
Vous pouviez tendre les deux bras;
Si le pur soleil avec force,
Comme un vieux chêne sans écorce,
Réchauffait vos membres roidis,
Et si le Dieu qui nous contemple,
Ouvrant les portes de son temple,
Donnait un refuge à ses fils;

LA TAMISE.

Peut-être... Mais vers la lumière
Qui peut ici tourner les yeux?
Pourquoi relever la paupière?
Le plafond est si ténébreux!
Notre terre toujours exhale
Une vapeur noire, infernale,
Qui nous dérobe l'œil divin;
Londres, toujours forge allumée,
Londres, toujours plein de fumée,
Nous fait au ciel un mur d'airain.

Puis, pas une église entr'ouverte;
Si quelqu'une l'est par hasard,
Une voûte creuse et déserte.
Et de l'ombre de toute part.
Pas un christ et pas une image
Qui vous redresse le visage
Et vous aide à porter la croix :
Pas de musique magnanime,
Pas un grain d'encens qui ranime,
Rien que des pierres et du bois.

Et dehors la rue est boueuse,
L'air épais, malsain, glacial,
Il pleut... Oh! la vie est affreuse
A traîner dans ce lieu fatal.
L'âme qui veut briser sa chaîne,
L'âme souffrante a peu de peine
A forcer sa prison de chair,
Quand ce cachot, triste édifice,
Est sous un ciel rude, impropice,
Si tristement glacé par l'air.

Mais allons! la Tamise sombre
Est le linceul fait pour les corps
Que le malheur frappe sans nombre
Le long de ses funestes bords.
Allons! il faut son parti prendre :
Je vois déjà l'ombre s'étendre,
Le ciel se confondre avec l'eau,
Et la nuit par toute la terre
Sur les crimes de la misère
Prête à jeter son noir manteau.

Adieu ! je suis le pauvre diable,
Le faible et pâle matelot
Que par une nuit effroyable
L'aile des vents emporte au flot.
Sur l'onde il dresse en vain la tête,
Les hurlements de la tempête
De sa voix couvrent les éclats ;
Il roule, il fend la vaste lame,
Il nage, il nage à perdre l'âme,
Le flot lui coupe les deux bras.

Point de bouée et point de câble,
Pas une clameur dans les ponts,
Et le navire impitoyable
Sinistrement poursuit ses bonds.
Il fuit sous la vague en poussière ;
Et le nageur reste en arrière,
Entre l'onde et le ciel en feu,
Perdu dans cette immense plaine,
Et si frêle atome qu'à peine
Il arrive au regard de Dieu,

Alors, alors sans plus attendre
Que la mort monte des enfers,
Ou qu'il l'entende redescendre
Avec fracas du haut des airs,
A devancer l'instant suprême
Il se résigne de lui-même,
Et soudain ouvrant l'Océan,
Le malheureux avec courage
Enfonce son pâle visage
Et sans un cri plonge au néant.

LE FOUET.

« Courbez, courbez les reins, tendez le dos, soldats,
« Et vous, soldats-bourreaux, frappez à tour de bras;
« Frappez, n'épargnez point ces robustes épaules;
« Contre la discipline ils ont failli, les drôles. »
Et l'homme, enfant du ciel, image du Très-Haut,
S'est, comme l'animal, courbé sans dire un mot;
Et l'instrument cruel, armé de ses neuf queues,
S'élance, en perçant l'air, sur les épaules bleues,
Mord la peau frissonnante, et bientôt fait sortir
Un sang que l'honneur seul devait faire jaillir.

Ah! ne sais-tu donc point qu'aujourd'hui la nature,
Albion! se révolte au seul mot de torture?
Que la philosophie a noyé sous les eaux

Jusqu'au dernier charbon des bûchers infernaux?
Que les durs chevalets, les pénibles entraves,
Et tous les châtiments réservés aux esclaves,
Aujourd'hui sont en poudre et le jouet du vent?
Tu ne peux l'ignorer, et pourtant comme avant
Tu retiens près de toi la barbarie antique.
Hélas! non-seulement par delà l'Atlantique
Le fouet résonne encore, et ses nœuds destructeurs
Déchirent les reins noirs des pauvres travailleurs;
Mais même dans ton sein, à tes yeux, sous ta face,
De coups abrutissants la loi frappe ta race,
Et pour le moindre tort déshonore le flanc
De tes plus pauvres fils qui te vendent leur sang.

O puissante Albion! ô matrone romaine!
Il est temps d'abroger ta coutume inhumaine,
De remplacer enfin l'ignoble châtiment
Malgré les lords hautains de ton vieux parlement.
Ah! fais vite, de peur, que le monde en reproche
Ne t'appelle bientôt, Albion, cœur de roche!
Et partout ne proclame à haute et forte voix

Que dans l'ingratitude on a trempé tes lois;

Que les rouges gardiens de ton trône immobile,

Les défenseurs sacrés des champs et de la ville,

Tes murailles de chair, tes soldats valeureux,

Sont traités par tes mains comme on traite les bœufs,

Et tous les blancs troupeaux, honneur de la prairie,

Que sans ménagement l'on mène à la tûrie,

Et qui, le ventre plein de trèfle et de gazon,

Accourent à la mort à grands coups de bâton.

LES MINEURS DE NEWCASTLE

Que d'autres sur les monts boivent à gorge pleine
Des vents impétueux la bienfaisante haleine,
Et s'inondent le front d'un air suave et pur;
Que d'autres, emportés par des voiles légères,
Passent comme les vents sur les ondes amères,
Et sillonnent sans fin leur magnifique azur;

Que d'autres, chaque jour, emplissent leur paupière
Des rayons colorés de la chaude lumière,
Et contemplent le ciel dans ses feux les plus beaux;
Que d'autres, près d'un toit festonné de verdure,
Travaillent tout le jour au sein de la nature,
Et s'endorment le soir au doux chant des oiseaux:

Ils ont reçu du ciel un regard favorable,

Ils sont nés, ces mortels, sous une étoile aimable
Et sous le signe heureux d'un mois splendide et chaud ;
Et la main du Seigneur, qui sur terre dispense
La peine et le plaisir, la mort et l'existence,
Leur a fait large part et donné le bon lot.

Quant à nous, prisonniers comme de vils esclaves,
Nous sommes pour la vie enfermés dans des caves,
Non pour avoir des lois souillé la majesté,
Mais parce que du jour où nous vînmes au monde,
La misère au cœur dur, notre nourrice immonde,
Nous marqua pour la peine et pour l'obscurité.

Nous sommes les mineurs de la riche Angleterre ;
Nous vivons comme taupe, à six cents pieds sous terre ;
Et là, le fer en main, tristement nous fouillons,
Nous arrachons la houille à la terre fangeuse ;
La nuit couvre nos reins de sa mante brumeuse,
Et la mort, vieux hibou, vole autour de nos fronts.

Malheur à l'apprenti qui dans un jour d'ivresse
Pose un pied chancelant sur la pierre traîtresse !
Au plus creux de l'abîme il roule pour toujours.
Malheur au pauvre vieux dont la jambe est inerte !
Lorsque l'onde, en courroux de se voir découverte,
Envahit tout le gouffre, il périt sans secours.

Malheur à l'imprudent, malheur au téméraire
Qui descend sans avoir la lampe salutaire
Qu'un ami des humains fit pour le noir mineur !
Car le mauvais esprit qui dans l'ombre le guette,
La bleuâtre vapeur, sur lui soudain se jette
Et l'étend sur le sol sans pouls et sans chaleur.

Malheur, malheur à tous ! car même sans reproche
Lorsque chacun de nous fait sa tâche, une roche
Se détache souvent au bruit seul du marteau ;
Et plus d'un qui rêvait dans le fond de son âme
Aux cheveux blonds d'un fils, à l'œil bleu de sa femme,
Trouve au ventre du gouffre un éternel tombeau.

Et cependant c'est nous, pauvres ombres muettes,
Qui faisons circuler au-dessus de nos têtes
Le mouvement humain avec tant de fracas;
C'est avec le trésor qu'au risque de la vie
Nous tirons de la terre, ô puissante industrie!
Que nous mettons en jeu les gigantesques bras.

C'est la houille qui fait bouillonner les chaudières,
Rugir les hauts-fourneaux tout chargés de matières,
Et rouler sur le fer l'impétueux wagon;
C'est la houille qui fait par tous les coins du monde,
Sur le sein écumant de la vague profonde,
Bondir en souverains les vaisseaux d'Albion.

C'est l'œuvre de nos bras qui donne au diadème
Cet éclat merveilleux, cette beauté suprême
Qu'on ne voit nulle part; enfin c'est notre main
Qui produit à foison les richesses énormes
De ces quatre cents lords aux insolentes formes,
Qui souvent sans pitié nous voient mourir de faim.

O Dieu ! Dieu tout-puissant ! pour les plus justes causes
Nous ne demandons pas le tumulte des choses,
Et le renversement de l'ordre d'ici-bas ;
Nous ne te prions pas de nous mettre à la place
Des hommes de savoir et des hommes de race,
Et de remplir nos mains de l'or des potentats :

Ce dont nous te prions, enfants de la misère,
C'est d'amollir le cœur des puissants de la terre,
Et d'en faire pour nous un plus solide appui ;
C'est de leur rappeler sans cesse, par exemple,
Qu'en laissant dépérir les fondements du temple,
Le monument s'écroule et tout tombe avec lui.

LE JOUJOU DU SULTAN

Il est au cœur de Londre, en l'un de ses musées,
Un objet qui souvent occupe mes pensées :
C'est un tigre de bois, dans ses ongles serrant
Le rouge mannequin d'un Anglais expirant.
L'animal a le cou baissé, la gueule ouverte,
Et des saignantes chairs de l'homme à face verte
Il paraît assouvir son appétit glouton.
Puis, pour vous compléter l'horrible illusion,
Un tourniquet placé sur le flanc de la bête,
Comme celui d'un orgue à la main qui s'y prête,
Tantôt fait retentir le joyeux grondement
De l'animal, tantôt le plaintif râlement
Du malheureux tombé sous sa griffe cruelle;
Et le gardien, qui meut la rauque manivelle,
Dit : « Voilà le réveil du sultan de Meissour,
« Le fier Tippou-Saheb! Aussitôt que le jour

« Illuminait les cieux de sa lueur divine,
« Un de ses serviteurs agitait la machine,
« Et le maître éveillé repaissait ses deux yeux
« De l'infernal jouet, et le bruit odieux
« Rallumait sa fureur et remontait sa haine
« Contre les conquérants de la terre indienne. »

O barbare instrument d'un atroce plaisir !
Affreuse invention, tu ne pouvais sortir
Que des concepts sanglants d'une tête sauvage !
C'est bien vrai... cependant on comprend cette rage
De la part d'un guerrier traqué dans vingt combats
Par de froids ennemis qu'il ne connaissait pas ;
On comprend qu'en sa lutte il ait pu souvent dire :
« Je suis le possesseur d'un magnifique empire,
« J'ai de vastes palais et de nombreux vassaux,
« Des armes de grand prix, de superbes chevaux,
« De l'or, des diamants, à mouvoir à la pelle,
« Et de rares beautés, dont la noire prunelle,
« Les lèvres de corail et les seins gracieux
« Font rêver ici-bas aux voluptés des cieux ;

« Et voilà que du bout de la terrestre sphère,
« D'un petit tas de fange appelé l'Angleterre,
« Arrivent par la mer, sur les bords indiens,
« Des milliers de larrons pour me ravir ces biens ;
« Et je me laisserais voler par cette engeance
« Sans contre elle invoquer le dieu de la vengeance,
« Et chercher par le fer, le feu, le plomb mortel,
« A la précipiter hors du nid paternel !
« Faut-il n'être plus homme, abdiquer tout courage,
« Et résigner son cœur, ses bras à l'esclavage,
« Parce qu'il plaît au luxe insolent et pervers
« De cent marchands bretons d'asservir l'univers ?
« Non, non, je lutterai tant que la pure haleine
« De l'air fera courir du sang chaud dans ma veine,
« Et si le sort un jour doit m'être décevant,
« Mes ennemis du moins ne m'auront pas vivant ! »
Il tint parole ; en roi tombé sur son domaine
Il mourut, et laissa l'instrument de sa haine
L'attester même encore aux mains de ses vainqueurs...
Certes le fier Tippou n'avait pas les douceurs
D'un agneau dans le sang, mais ses blonds adversaires

Avaient-ils, eux aussi, des sentiments de frères ?
Étaient-ils animés du feu de charité
Et d'une bonté vraie envers l'humanité,
Ces Clive, ces Hastings de sinistre mémoire,
Qui pour mieux assurer sur l'Inde leur victoire,
Outre le fer de Mars et la main des bourreaux,
Vilement employaient le mensonge et le faux ?
Que penser des agents de cette Compagnie
Qui, spéculant sur les aliments de la vie,
Un jour de sécheresse, hélas ! par millions
Faisaient périr de faim les populations ?
Par millions, et Dieu permit que de tels crimes
Se commissent, laissant ses tonnerres sublimes
Égarer dans les airs leurs carreaux destructeurs
Sans redescendre aux fronts de ces affreux tueurs !
Par millions ! et c'est ainsi que les empires
S'élargissent au prix d'innombrables martyres,
Et des monceaux de morts sont les fondations
De la prospérité des grandes nations,
De peuples s'honorant des grâces du baptême
Et réclamant, ô Christ, l'avantage suprême

De propager partout ta sainte et douce loi,
Et de renouveler l'univers avec toi !

O mystère du sort ! ô profondeur terrible
A tout penseur doué d'un cœur tendre et sensible !
Qui pourrait vous sonder ? Pour moi, vaste cité,
O Londres ! quand parfois mon regard attristé
D'un de tes grands nababs voit s'éclairer la fête,
Comme auprès de Macbeth la figure défaite
Du spectre de Banquo, je revois à l'instant
Le corps fauve et rayé du tigre du sultan ;
J'entends, j'entends soudain son grondement féroce,
Et, pensant à l'horreur de son repas atroce,
Je bénis le destin de n'être pas de ceux
Dont ce raout égaye et le ventre et les yeux ;
Car malgré ses parfums, ses splendeurs, sa richesse,
Une odeur de corps morts m'y poursuivrait sans cesse,
Dans ses coupes de verre, au contour ravissant,
La pourpre des bons vins me paraîtrait du sang,
Et tous les diamants de ses plus belles femmes
Me perceraient le cœur de leurs célestes flammes.

WESTMINSTER

Vieille et sombre abbaye, ô vaste monument
Baigné par la Tamise et longé tristement
Par un sol tout blanchi de tombes délaissées!
Tu peux t'enorgueillir de tes tours élancées,
De ta chapelle sainte aux splendides parois,
Et de ton seuil battu par la pourpre des rois;
Tu peux sur le granit de tes funèbres dalles
Étaler fièrement tes pompes sépulcrales,
Les sublimes dormeurs de tes tombeaux noircis,
Tes princes étendus sur leurs coussins durcis,
Et tous les morts fameux dont la patrie altière
Conserve avec respect l'éclatante poussière;
Malgré tant de splendeur et de noms illustrés
Tant de bustes de pierre et de marbres sacrés,

Malgré le grand Newton et le divin Shakspeare,
Et le coin adoré des rêveurs de l'empire,
O monument rempli de lugubres trésors!
O temple de la gloire, ô linceul des grands morts!
On entendra toujours des âmes généreuses
Venir battre et heurter tes ogives poudreuses,
Des âmes réclamant au fond de tes caveaux
Une place accordée à leurs nobles rivaux;
Et toujours, vieux Minster, ces âmes immortelles
Te frapperont en vain de leurs puissantes ailes,
Et leurs cris dédaignés, leurs plaintives clameurs,
Dans le vaste univers soulèveront les cœurs.

« Westminster! Westminster! sur cette terre vaine
Suis-je toujours en butte aux clameurs de la haine?
Avant d'avoir subi le jugement de Dieu
Suis-je aux regards des miens toujours digne du feu?
Hélas! mes tristes os languissent solitaires
Sur un sol possédé par des mains étrangères,
Et l'on peut voir un jour les autans furieux,
Enfants désordonnés de l'empire des cieux,

De leurs souffles impurs chasser ma cendre illustre
Et balayer mes os comme les os d'un rustre.

« Westminster ! Westminster ! au midi de mes jours,
Le cœur déjà lassé d'orageuses amours,
J'ai vu la calomnie, en arrière et dans l'ombre,
S'asseoir à mon foyer comme une hôtesse sombre
En disperser la cendre, et, d'un bras infernal,
Glisser de froids serpents dans le lit conjugal.
J'ai vu dans le rempart de ma gloire fameuse,
Au milieu des enfants de ma verve fougueuse,
Une main attacher à mon front l'écriteau
Qu'on met au front de ceux qui vivent sans cerveau.

« Et puis on ébranla le chêne en ses racines,
On sépara le tronc de ses branches divines,
Le père de la fille ; — on me prit mon enfant,
Comme si, la pressant sur mon sein étouffant,
Mes baisers corrupteurs et ma tendresse impure
Eussent pu ternir l'or de sa jeune nature,
On enleva ma fille à mon cœur amoureux,

Et, pour mieux empêcher l'étreinte du lépreux,
On fit entre les bras de l'enfant et du père
Passer la mer immense avec son onde amère.

« Ah! pour l'homme qui porte en sa veine un beau sang,
Dans ce monde il n'est point d'outrage plus cuisant!
Oh! quels coups malheureux! Oh! quelle horrible lame
Que celle qui s'en va percer l'âme de l'âme,
Le divin sentiment, ce principe éternel
Des élans du poëte et du cœur paternel!
O morsure du feu sur les membres livides!
O fouets retentissants des vieilles Euménides!
Supplices des païens, antiques châtiments,
Oh! qu'êtes-vous auprès de semblables tourments?

« Et voilà cependant, voilà les rudes peines
Que m'ont fait endurer les colères humaines;
Voilà les trous profonds que des couteaux sacrés
Ont faits pendant longtemps à mes flancs ulcérés,
L'éternel ouragan, la bruyante tempête,
Qui jusqu'au lit de mort hurlèrent sur ma tête,

Et rendirent mon cœur plus noir et plus amer
Que le fenouil sauvage arraché par la mer
Et le flot écumeux que la sombre nature
Autour de l'Angleterre a roulé pour ceinture.

« Westminster! Westminster! Oh! n'est-ce point assez
De mon enfer terrestre et de mes maux passés?
Par delà le tombeau faut-il souffrir encore?
Faut-il être toujours le Satan qu'on abhorre?
Et mes remords cachés, et leur venin subtil,
Et le flot de mes pleurs dans les champs de l'exil,
Et l'angoisse sans fin de ma lente agonie!
N'ai-je pas expié les fautes de ma vie?
Westminster! Westminster! dans ton temple de paix
Mes pâles ossements descendront-ils jamais? »

O grande ombre! ta plainte est lugubre et profonde.
Ah! je sens que durant ton passage en ce monde
Tu fus comme un lion traqué dans les forêts;
Que, fatiguant en vain de vigoureux jarrets,
Partout où tu passas dans ta fuite divine

Ta noble peau s'ouvrit au tranchant de l'épine,
Et tes crins tout-puissants restèrent aux buissons ;
Partout il te fallut payer tes larges bonds,
Et ton flanc généreux entr'ouvert sur le sable
Versa jusqu'à la mort un sang inépuisable.

Mais aussi fallait-il, ô poëte hautain !
Avant de fermer l'œil à l'horizon lointain,
De rendre aux éléments ta sublime poussière,
Que le glaive acéré de ta muse guerrière,
Dans le cœur du pays irritable et mouvant,
Avec un rire amer pénétrât si souvent ?
Ah ! pourquoi reçut-il une blessure telle
Qu'il en pousse toujours une clameur mortelle,
Et que la plaie en feu, difficile à guérir,
Au seul bruit de ton nom semble toujours s'ouvrir ?

Byron ! tu n'as pas craint, jeune dieu sans cuirasse,
D'attaquer corps à corps les défauts de ta race,
De toucher ce que l'homme a de mieux inventé,
Le voile de vertu par le vice emprunté ;

D'une robuste main, hardiment et sans feinte,
Tu mis en vils lambeaux la couverture sainte
Qui pèse sur le front de la grande Albion
Plus que son voile épais de brume et de charbon,
Le manteau qu'aujourd'hui, de l'un à l'autre pôle,
Le pâle genre humain va se coudre à l'épaule;

Le drap sombre du *Cant* est tombé sous tes coups.
De là tant de dédains, d'outrages, de courroux;
De là ce châtiment et cette longue injure
Contre laquelle en vain ta grande ombre murmure,
Cette haine vivace et qui sur un tombeau
Semble toujours tenir allumé son flambeau;
Comme si dans ce monde, imparfaits que nous sommes,
Les hommes sans pitié devaient juger les hommes;
Et comme si, grand Dieu! le malheur éprouvé
N'était pas le flot saint par qui tout est lavé.

O chantre harmonieux des douleurs de notre âge!
Sombre amant de l'abîme au cantique sauvage,
Cygne plein d'amertume et dont la passion

D'une brûlante main pétrit le pur limon,
Laisse rougir le front de la patrie ingrate;
Tandis que ton beau nom avec le sien éclate
Sur tous les points du globe en signes merveilleux,
Laisse-la négliger tes mânes glorieux;
Laisse-la, te couvrant d'un oubli sans exemple,
Faire attendre à tes os les honneurs de son temple.

C'est l'éternel destin! c'est le sort mérité
Par tous les cœurs aimant trop fort la vérité!
Oui, malheur en tout temps et sous toutes les formes
Aux Apollons fougueux qui, sur les reins énormes
Et le crâne rampant du vice abâtardi,
Poseront comme toi leur pied ferme et hardi;
Malheur! car ils verront le monstrueux reptile,
Gonflant de noirs venins sa poitrine subtile,
Bondir sous leurs talons, et dans ses larges nœuds
Écraser tôt ou tard leurs membres lumineux!

Et la société, témoin de l'agonie,
Loin de tendre la main aux enfants du génie,

De les débarrasser des replis du vainqueur,
Toujours se bouchera l'oreille à leur clameur :
Trop heureux si la vieille aux longs voiles rigides
Abandonne les corps aux dents des vers avides,
Et si son bras, plus dur que celui de la mort,
Pour se venger aussi ne fait pas un effort,
Et, frappant à son tour la victime qui tombe,
Ne poursuit pas son ombre au delà de la tombe.

Vieille et sombre abbaye, ô vaste monument
Baigné par la Tamise et longé tristement
Par un sol tout blanchi de tombes délaissées !
Tu peux t'enorgueillir de tes tours élancées,
De ta chapelle sainte aux splendides parois,
Et de ton seuil battu par la pourpre des rois ;
Tu peux sur le granit de tes funèbres dalles
Étaler fièrement tes pompes sépulcrales,
Les sublimes dormeurs de tes tombeaux noircis
Tes princes étendus sur leurs coussins durcis,
Et tous les morts fameux dont la patrie altière
Conserve avec respect l'éclatante poussière ;

Malgré tant de splendeurs et de noms illustrés,
Tant de bustes de pierre et de marbres sacrés,
Malgré le grand Newton et le divin Shakspeare,
Et le coin adoré des rêveurs de l'empire,
O monument rempli de lugubres trésors!
O temple de la gloire! ô linceul des grands morts!
On entendra toujours des âmes généreuses
Venir battre et heurter tes ogives poudreuses,
Des âmes réclamant au fond de tes caveaux
Une place accordée à leurs nobles rivaux;
Et toujours, vieux Minster, ces âmes immortelles
Te frapperont en vain de leurs puissantes ailes,
Et leurs cris dédaignés, leurs plaintives clameurs,
Dans le vaste univers soulèveront les cœurs.

LES HUSTINGS[1]

LA MENACE.

Les hustings sont dressés et le sabbat commence :
Vieille Corruption ! entends-tu le pays
Frémir et s'agiter comme une mer immense
Au vent des passions qui soulèvent ses fils ?
As-tu bien élargi l'antique conscience ?

LA CORRUPTION.

O fille à l'œil sanglant, aux entrailles d'airain,
O ma digne compagne, ô puissante Menace !

[1]. Les hustings sont des échafauds du haut desquels les candidats à la députation parlent aux électeurs.

Pour corrompre le cœur du peuple souverain
Avec toi j'ai lutté d'impudeur et d'audace,
Et je pense, ma sœur, que ce n'est pas en vain.

LA MENACE.

Moi, sous le vent du nord, au fond de sa chaumière
J'ai couru visiter plus d'un pauvre électeur,
Et là j'ai fait entendre au pâle censitaire
Qu'il serait dépouillé de son toit protecteur,
S'il refusait son vote au seigneur de sa terre.

LA CORRUPTION.

Moi, de mes larges mains l'or a fui par torrents;
Le fleuve ardent partout s'est ouvert une issue;
Irrésistible, il a franchi le seuil des grands,
Et, retombant en pluie au milieu de la rue,
Pénétré sans effort jusques aux derniers rangs.

LA MENACE.

Souvent j'ai rencontré dans les pauvres familles
Des hommes vertueux ; mais d'un air furibond
Devant eux j'ai levé tant de sombres guenilles,
J'ai tant crié la faim, qu'ils ont baissé le front
Pour ne point voir mourir leurs femmes et leurs filles.

LA CORRUPTION.

Quelquefois j'ai vu l'or épouvanter les yeux ;
Alors aux ouvriers sans travaux ni commandes
J'ai promis tant de brocs de porter écumeux,
Tant de poissons salés et tant de rouges viandes,
Que le ventre a dompté les cœurs consciencieux.

LA MENACE.

Il est vrai que toujours de généreuses âmes
Tonneront contre nous dans le temple des lois ;

Que l'on nous flétrira des noms les plus infâmes :
Mais qu'importe, après tout, le bruit de quelques voix
Contre le fort tissu de nos puissantes trames ?

LA CORRUPTION.

Ah ! depuis cinq cents ans n'est-ce pas notre sort ?
Tout nouveau parlement, comme bêtes sauvages,
Nous traque avec ardeur et toujours à grand tort ;
Car l'amour du pouvoir croissant d'âges en âges,
Notre couple vaincu renaît toujours plus fort.

LA MENACE.

En vain chaque parti nous chasse à coups de pierres ;
Radicaux et torys, papistes, protestants,
Lorsque vient le moment d'étaler les bannières,
Pour obtenir l'empire, ah ! tous en même temps
Nous tendent en secret leurs mains rudes et fières.

LA CORRUPTION.

Pour me mettre au néant il faudrait ici-bas
Du riche à tout jamais déraciner l'engeance :
Mais ce germe doré ne s'extirpera pas ;
La richesse toujours obtiendra la puissance,
Toujours le malheureux lui cédera le pas.

LA MENACE.

Ah! nous sommes vraiment d'une forte nature,
Nous sommes les enfants d'un pouvoir infernal,
De ce pouvoir caché dans toute créature,
Qui mène toute chose à son terme fatal,
Et fait que rien de beau dans ce monde ne dure.

LA CORRUPTION.

O Menace, ma sœur! à grands pas avançons ;
Déjà la foule ardente, au bruit de la fanfare,

LES HUSTINGS.

Roule autour des hustings en épais tourbillons :
Pour emporter d'assaut le scrutin qu'on prépare,
Fais jaillir la terreur du fond de tes poumons.

LA MENACE.

Et toi, Corruption! répands l'or à main pleine,
Verse le flot impur sur l'immense troupeau :
Qu'il envahisse tout, les hustings et l'arène,
Et que la Liberté, présente à ce tableau,
Voile son front divin de sa toge romaine.

LE PILOTE

Un jour un homme au large et froid cerveau
    Déchaîne les chiens de la guerre,
Leur dit : Carnage ! et lance le troupeau
    Sur l'Océan et sur la terre ;
Pour exciter leurs sombres aboîments,
    Tenir leurs gueules haletantes,
Il met en flamme et les moissons des champs
    Et les toits des villes croulantes ;
Dans le sang pur il fait marcher les rois,
    Et, bravant son peuple en furie,
Charge l'impôt et ses énormes poids
    Sur l'épaule de la Patrie ;

LE PILOTE.

Et puis enfin, succombant au fardeau,
Faible, épuisé, manquant d'haleine,
Avant le temps, sans jeunesse, au tombeau
Il descend dévoré de haine.

Et tant de mal, pourquoi? Pour rendre vain
L'effort de cette pauvre France,
Qui, l'œil en feu, criait au genre humain :
Le monde est libre, qu'il avance!
Pour arracher à ses baisers brûlants
Le front de sa sœur l'Angleterre,
Qui cependant, après quinze ou vingt ans,
Remise à peine de la guerre,
Sans lutte ardente et sans nouveau combat
Des antiques jours se détache,
Et d'un bras fort, dans l'arbre de l'État,
Plante elle-même un coup de hache.

O William Pitt, ô nocher souverain,
O pilote à la forte tête!
Il est bien vrai que ton cornet d'airain

Domina toujours la tempête;
Qu'inébranlable et ferme au gouvernail
Comme un Neptune tu sus faire
Devant ta voix tomber le sourd travail
De la grande onde populaire.

Mais quatorze ans, l'âge au plus d'un oiseau,
De ton pouvoir fut l'étendue,
Et, ton bras mort, le fleuve de nouveau
Reprit sa course suspendue.

Ah! le fou rire a dû prendre à l'enfer
Au bruit de tes gestes sublimes;
Car pour un temps si court, ô cœur de fer!
Fallait-il donc tant de victimes?

Fallait-il donc faire pleuvoir le sang
Comme la nue au ciel éclate,
Et revêtir la terre et l'Océan
D'un large manteau d'écarlate?

SHAKSPEARE

Hélas! hélas! faut-il qu'une haleine glacée
Ternisse le front pur des maîtres glorieux,
Et faut-il qu'ici-bas les dieux de la pensée
S'en aillent tristement comme les autres dieux?

De Shakspeare aujourd'hui les tragiques merveilles
Déroulent vainement leurs tableaux enchanteurs;
Les vers du fier Breton ne trouvent plus d'oreilles;
Ses temples sont déserts et vides de clameurs.

Albion perd le goût de ses divins symboles;
Hors du vrai par l'ennui les esprits égarés

Tombent dans le barbare, et les choses frivoles
Parlent plus haut au cœur que les chants inspirés.

Et pourtant quel Titan à la céleste flamme
Alluma comme lui plus de limons divers ?
Quel plongeur, entr'ouvrant du sein les flots amers,
Descendit plus avant dans les gouffres de l'âme ?

Quel poëte vit mieux au fond du cœur humain
Les sombres passions, ces reptiles énormes,
Dragons impétueux, monstres de mille formes,
Se tordre et s'agiter ? Quel homme de sa main

Sut, comme lui, les prendre au fort de leurs ténèbres,
Et, découvrant leur face à la pure clarté,
Faire comme un Hercule au monde épouvanté
Entendre le concert de leurs plaintes funèbres ?

Ah! toujours verra-t-on, d'un pied lourd et brutal,
Sur son trône bondir la stupide matière,

Et l'Anglais préférer une fausse lumière
Aux sublimes reflets de l'astre impérial?

C'en est-il fait du beau sur cette terre sombre,
Et doit-il sous la nuit se perdre entièrement?
Non, non! la nuit peut bien jeter au ciel son ombre,
Elle n'éteindra pas les feux du firmament.

O toi qui fus l'enfant de la grande nature,
Robuste nourrisson dans ses deux bras porté;
Toi qui, mordant le bout de sa mamelle pure,
D'une lèvre puissante y bus la vérité;

Tout ce que ta pensée a touché de son aile,
Tout ce que ton regard a fait naître ici-bas,
Tout ce qu'il a paré d'une forme nouvelle
Croîtra dans l'avenir sans crainte du trépas!

Shakspeare! vainement sous les voûtes suprêmes
Passe le vil troupeau des mortels inconstants,

Comme du sable, en vain sur l'abîme des temps,
L'un par l'autre écrasés s'entassent les systèmes;

Ton génie est pareil au soleil radieux
Qui, toujours immobile au haut de l'empyrée,
Verse tranquillement sa lumière sacrée
Sur la folle rumeur des flots tumultueux.

LE SPLEEN

« C'est moi ; — moi qui, du fond des siècles et des âges,
Fis blanchir le sourcil et la barbe des sages ;
La terre à peine ouverte au soleil souriant,
C'est moi qui, sous le froc des vieux rois d'Orient,
Avec la tête basse et la face pensive,
Du haut de la terrasse et de la tour massive,
Jetai cette clameur au monde épouvanté :
Vanité, vanité, tout n'est que vanité !
C'est moi qui mis l'Asie aux serres d'Alexandre,
Qui plus tard changeai Rome en un grand tas de cendre,
Et qui, menant son peuple éventrer les lions,
Sur la pourpre latine enfantai les Nérons.
Partout j'ai fait tomber bien des dieux en poussière,

J'en ai fait arriver d'autres à la lumière,
Et sitôt qu'ils ont vu dominer leurs autels,
A leur tour j'ai brisé ces nouveaux immortels.
Ici-bas, rien ne peut m'arracher la victoire ;
Je suis la fin de tout, le terme à toute gloire,
Le vautour déchirant le cœur des nations,
La main qui fait jouer les révolutions ;
Je change constamment les besoins de la foule,
Et partant le grand lit où le fleuve humain coule. »

Ah ! nous te connaissons, ce n'est pas d'aujourd'hui
Que tu passes chez nous et qu'on te nomme Ennui ;
Prince des scorpions, fléau de l'Angleterre !
Au sein de nos cités, fantôme solitaire,
Jour et nuit l'on te voit, maigre et décoloré,
Courir on ne sait où comme un chien égaré.
Que de fois, fatigué de mâcher du gingembre,
Dans ton mois le plus cher, dans ton mois de novembre,
A d'horribles cordons tu suspends nos enfants,
Ou leur ouvres le crâne avec des plombs brûlants !
Arrière tes lacets et ta poudre maudite,

Avec tes instruments va-t'en rendre visite
Aux malheureux chargés de travaux continus !
O sanglant médecin ! va voir les gueux tout nus
Que la vie embarrasse, et qui, sur chaque voie,
Présentent à la mort une facile proie,
Les mille souffreteux qui, sur leurs noirs grabats,
Se plaignent d'être mal et de n'en finir pas;
Prends-les, monstre, et d'un coup termine leurs misères,
Mais ne t'avance pas sur nos parcs et nos terres;
Respecte les richards, et ne traîne jamais
Ton spectre maigre et jaune autour de nos palais.

« Eh! que me font à moi les soucis et les plaintes,
Et les gémissements de vos races éteintes !
Il faut bien que, jouant mon rôle de bourreau,
Je remette partout les hommes de niveau.
O corrompus ! ô vous que mon haleine enivre
Et qui ne savez plus comment faire pour vivre,
Qui sans cesse flottant, voguant de mers en mers,
Sur vos planches de bois arpentez l'univers;
Cherchez au loin le vin et le libertinage,

Et, passant par la France, allez voir à l'ouvrage
Sur son rouge établi le sombre menuisier
Travaillant un coupable et le rognant d'un pied;
Semez l'or et l'argent comme de la poussière;
Pour vos ventres blasés fouillez l'onde et la terre;
Inventez des plaisirs de toutes les façons,
Que l'homme et l'animal soient les sanglants jetons
Et les dés palpitants des jeux épouvantables
Où viendront s'étourdir vos âmes lamentables;
Qu'à vos ardents regards, sous des poings vigoureux,
Les hommes assommés tombent comme des bœufs,
Et que, sur le gazon des vallons et des plaines,
Chevaux et cavaliers expirent sans haleine;
Malgré vos durs boxeurs, vos courses, vos renards,
Sous le ciel bleu d'Espagne ou sous les gris brouillards,
Et le jour et la nuit, sur l'onde, sur la terre,
Je planerai sur vous, et vous aurez beau faire,
Nouer de longs détours, revenir sur vos pas,
Demeurer, vous enfuir : vous n'échapperez pas.
J'épuiserai vos nerfs à cette rude course,
Et nous irons ensemble, en dernière ressource,

Heurter, tout haletants, le seuil ensanglanté
De ton temple de bronze, ô froide cruauté! »

Ennui, fatal Ennui! monstre au pâle visage,
A la taille voûtée et courbée avant l'âge;
Mais aussi fort pourtant qu'un empereur romain;
Comment se dérober à ta puissante main?
Nos envahissements sur le temps et l'espace
Ne servent qu'à te faire une plus large place,
Nos vaisseaux à vapeur et nos chemins de fer
A t'amener vers nous plus vite de l'enfer :
Lutter est désormais chose inutile et vaine,
Sur l'univers entier ta victoire est certaine;
Et nous nous inclinons sous ton vent destructeur,
Comme un agneau muet sous la main du tondeur.
Verse, verse à ton gré les vapeurs homicides,
Fais de la terre un champ de bruyères arides,
De la voûte céleste un pays sans beauté,
Et du soleil lui-même un orbe sans clarté;
Hébète tous nos sens, et ferme leurs cinq portes
Aux désirs les plus vifs, aux ardeurs les plus fortes;

Dans l'arbre des amours jette un ver malfaisant,
Et sur la vigne en fleurs un rayon flétrissant :
Mieux que le vil poison, que l'opium en poudre,
Que l'acide qui tue aussi prompt que la foudre,
Que le blanc arsenic et tous les minéraux,
Ouvrages ténébreux des esprits infernaux,
Fais circuler le mal sur le globe où nous sommes,
Jusqu'au dernier tissu ronge le cœur des hommes ;
Et lorsque bien repu, vampire sensuel,
A tes lèvres sans feu le plus chétif mortel
Aura livré sa veine aride et languissante,
Que la terre vaincue et toujours gémissante
Aux bras du Suicide abandonne son corps,
Et, sombre *coroner*, que l'ange noir des morts
Rende enfin ce verdict sur le globe sans vie :
Ci-gît un monde mort pour cause de folie !

LA NATURE

LES DÉFRICHEURS.

Invisibles pouvoirs, souffles impérieux,
Monarques qui tenez l'immensité des cieux,
Vents qui portez le frais aux ondes des fontaines,
Les ondes aux grands bois, les semences aux plaines,
Et jetez à longs flots les flammes de l'amour
A tout ce qui respire et ce qui voit le jour,
Défendez vos forêts, vos lacs et vos montagnes !
Et toi, sombre empereur des humides campagnes,
Qui tiens étroitement, comme un triton nerveux,
La terre toute blonde en tes bras amoureux,
Redouble tes clameurs et tes plaintes sauvages ;
Dévore, plus ardent, le sable de tes plages,
Hérisse sur ton front tes cheveux souverains,
Et de l'abîme noir levant de larges reins,
Pour garder les trésors de ta plaine écumante,
Fais voler jusqu'au ciel la mort et l'épouvante ;

O vieil Océanus, ô grand dieu mugissant,
Tes fureurs aujourd'hui ne sont que jeux d'enfant!
Que nous font les cent voix des fougueuses tempêtes?
Les mondes dans les cieux se brisant sur nos têtes,
Les tremblements du sol, les volcans en éclats,
N'ébranlent pas notre âme et ne l'abattent pas.
Nul peuple comme nous, dans son humeur altière,
N'a su plus fortement remuer la matière,
La mettre sous le joug, et s'en couronner roi
Au nom de la pensée et de l'antique loi.
En dépit de la mort et de son noir squelette,
Nous avons en tout point foulé notre planète;
Elle nous appartient de l'un à l'autre bout;
Comme l'ombre et le jour nous pénétrons partout.
Allons, noires forêts, vieilles filles du monde,
Tombez et périssez sous la hache féconde!
Races des premiers jours, antiques animaux,
Vieux humains, faites place à des peuples nouveaux :
Dérobons à la mer ses terres toutes neuves,
Domptons les fiers torrents et muselons les fleuves,
Descendons sans effroi jusqu'au centre divin,

Fouillons et refouillons sans repos et sans fin,

Et comme matelots sur la liquide plaine

A grands coups de harpons dépeçant leur baleine,

Partout maîtres du sol, partout victorieux,

Dans le haut, dans le bas, sur le plein, dans le creux,

Du globe taciturne, immense et lourde masse,

Suivant chaque besoin bouleversons la face.

LE POËTE.

Ah! ce vouloir immense en un si petit corps,

Cette force cachée en de faibles ressorts,

Saisissent mon esprit de terreurs sans pareilles,

Et je sens que le monde, en toutes ses merveilles,

Ne nous présente pas de prodige plus beau

Et de levier plus fort que l'homme et son cerveau.

Et pourtant, au milieu de ce chant de victoire,

Dans mon âme descend une tristesse noire :

Le regret, comme une ombre, obscurcit mon front nu,

Et je ne songe plus qu'à pleurer le vaincu ;

Et je m'écrie alors : — Ah! sur l'œuvre divine

Verra-t-on sans respect se vautrer la machine,

Et comme hippopotame, insensible animal,
Fouler toute la terre avec un pied brutal ?
Où les cieux verront-ils luire leurs voûtes rondes,
Si mille pieds impurs viennent ternir les ondes ?
Que diront les grands monts si leurs neigeux sommets
Descendent dans la plaine et s'abaissent jamais ?
Et l'aigle, si, quittant le pays des nuages,
Au dieu brûlant du jour il ne rend plus d'hommages,
Et la belle verdure aux tapis doux et frais,
Et les hauts monuments des antiques forêts,
Les chênes, les sapins et les cèdres immenses,
Le plein déroulement de toutes les semences,
Si le germe divin et ne vit et ne croît
Que par l'ordre de l'homme, au signal de son doigt ?
Ah! les êtres diront, chacun dans son entrave :
L'enfant de la nature a fait sa mère esclave !
O nature! nature, amante des grands cœurs,
Mère des animaux, des pierres et des fleurs,
Inépuisable flanc et matrice féconde
D'où s'échappent sans fin les choses de ce monde,
Est-il possible, ô toi dont le genou puissant

Sur le globe nouveau berça l'homme naissant,
Que tu laisses meurtrir ta sublime mamelle
Par les lourds instruments de la race mortelle?
Que tu laisses bannir ta suprême beauté
Des murs envahissants de l'humaine cité,
Et que tu ne sois plus, comme dans ta jeunesse,
Notre plus cher amour, cette bonne déesse
Qui, mêlant son sourire à nos simples travaux,
Des habitants du ciel nous rendait les égaux,
Éternisait notre âge et faisait de la vie
Un vrai champ de blé d'or toujours digne d'envie?
Hélas! si les destins veulent qu'à larges pas
Fuyant et reculant devant nos attentats,
Tu remontes aux cieux et tu livres la terre
A des enfants ingrats et plus forts que leur mère,
O nourrice plaintive! ô nature! prends-moi,
Et laisse-moi vers Dieu retourner avec toi.

LA NATURE.

O mon enfant chéri! toi qui m'aimes encore,
Et devines en moi ce que la foule ignore;

Toi qui, laissant hurler le troupeau des humains,
Viens souvent m'embrasser, me presser de tes mains,
Et, roulant par les airs des plaintes enfantines,
Sur mon sein verser l'or de tes larmes divines :
Oh ! je comprends tes cris, tes mortelles frayeurs,
Et dans tes yeux gonflés la source de tes pleurs !
Je conçois ce que vaut pour l'âme droite et pure,
Pour le cœur déchiré par l'ongle de l'injure,
Pour un amant du bon et du beau, dégoûté
Des fanges de la ville et de sa lâcheté,
Le sauvage parfum de ma rustique haleine ;
Je conçois ce que vaut la douceur souveraine
Des vents sur la montagne à travers les grands pins,
La beauté de la mer aux murmures sans fins,
Le silence des monts balayés par la houle,
L'espace des déserts où l'âme se déroule,
Et l'aspect affligeant même des lieux d'horreur,
Où le cœur se soulage et qui parlent au cœur.
Aussi, pour rassurer ton âme, ô mon poëte !
Et pour te consoler, je ne suis point muette :
Bien que le livre obscur du lointain avenir
Ne puisse sur mon sort devant toi s'entr'ouvrir,

Que, dans le mouvement d'une vie incessante,
Un bandeau sur les yeux je conçoive et j'enfante,
Je puis crier pourtant, et les nombreuses voix
Qui s'élèvent des monts, des ondes et des bois,
L'hymne mélodieux, le suave cantique
Qui monte incessamment du globe magnifique,
Dans ton oreille chaste à longs flots pénétrant,
Viendra toujours calmer ton cœur désespérant.
Qu'importe que le jeu de mes forces sublimes,
Sur la verte planète et dans ses noirs abîmes,
Soit en quelques endroits empêché par des nains ?
Qu'importe que le bras des orgueilleux humains
S'attaquant à la terre, à ses formes divines,
Écorche son beau sein du fer de leurs machines ?
Qu'importe que, doués des puissances du ciel,
Ils changent à leur gré l'habitacle mortel ?
Quels que soient les efforts de l'homme et de sa race,
Que du globe soumis inondant la surface,
Il soit pour la matière une cause de fin,
Ou de perfection un instrument divin,
O mon enfant chéri ! — jusqu'au jour où la terre,
Comme le grain de blé qui s'échappe de l'aire

Et qu'emportent les vents aux champs de l'infini,
Aura développé son radieux épi ;
Jusqu'au jour où, semblable à la fleur qui se passe,
Par la main du Seigneur effeuillée en l'espace,
Elle ira reformer un globe en d'autres lieux
Et fleurir au soleil de quelques nouveaux cieux,
Toujours, ô mon enfant ! toujours les vents sauvages
De leurs pieds vagabonds balayeront les plages ;
La mer réfléchira toujours dans un flot pur
Et l'océan du ciel et ses îles d'azur ;
Comme un ardent lion aux plaines africaines,
Le soleil marchera toujours en ses domaines,
Dévorant toute vie et brûlant toutes chairs ;
On entendra toujours frissonner dans les airs
De grands bois renaissants, des verdures sans nombre,
Pour faire courir l'onde et faire flotter l'ombre ;
Toujours on verra luire un sommet argenté
Pour les oiseaux divins, l'aigle et la liberté.

ÉPILOGUE

O misère ! misère !
Toi qui pris sur la terre
Encore tout en feu
L'homme des mains de Dieu ;

Fantôme maigre et sombre,
Qui, du creux du berceau
Jusqu'au seuil du tombeau,
Comme un chien suit son ombre ;

O toi qui bois les pleurs
Écoulés de sa face,

Et que jamais ne lasse
Le cri de ses douleurs ;

O mère de tristesse !
Ces chants sont un miroir
Où l'on pourra te voir
Dans toute ta détresse.

J'ai voulu que devant
Ton image terrible
L'homme le moins sensible,
Le plus insouciant,

Pût sentir et comprendre
A quels prix redoutés
La Providence engendre
Les superbes cités.

J'ai voulu qu'en toute âme
La pitié descendît,

ÉPILOGUE.

Et qu'à sa douce flamme
Tout cœur dur s'attendrît,

Et que, moins en colère
Et moins de plis au front,
L'homme à juger son frère
Ne fût plus aussi prompt.

O misère ! misère !
Puisse ce chant austère
Trouver sous plus d'un ciel
Un écho fraternel !

Puisse cet hymne sombre
Susciter en tous lieux
Des avocats sans nombre
Au peuple noir des gueux !

Il faut en ce bas monde
Que les plus belles voix

Contre ta lèpre immonde
S'élèvent à la fois;

Il faut que de sa couche
L'homme chasse la faim;
Il faut à toute bouche
Mettre un morceau de pain,

Donner la couverture
Aux pauvres gens sans toits,
Et de laine et de bure
Vêtir tous les corps froids;

Il faut, misère infâme!
A ta griffe arracher,
Autant qu'on pourra, l'âme
Avec toute sa chair.

Hélas! dans cette tâche
Quel que soit son effort,

Son labeur sans relâche
Jusqu'au jour de la mort ;

Si bien que fasse l'homme
Pour amoindrir le mal,
Et réduire la somme
De l'élément fatal :

Dans les cités humaines
Il restera toujours
Assez de fortes peines,
De maux cuisants et lourds,

Pour qu'en sa plainte amère
L'éternelle douleur
Loin de ce globe espère
Quelque monde meilleur.

TABLE

IAMBES

	Pages.		Pages
Prologue	7	Le Rire	59
La Curée	9	La Cuve	63
Le Lion	16	Desperatio	69
Quatre-vingt-treize	19	Les Victimes	74
L'Émeute	22	Terpsichore	76
La Popularité	25	L'Amour de la mort	83
L'Idole	33	La Reine du monde	89
Varsovie	43	La Machine	94
Dante	49	Les Homicides	98
Melpomène	52	Le Progrès	102

IL PIANTO

Le Départ	109	Cimarosa	151
Le Campo Santo	111	Chiaia	153
Mazaccio	125	Dominiquin	165
Michel-Ange	127	Léonard de Vinci	167
Allegri	129	Titien	169
Le Campo Vaccino	131	Bianca	171
Raphaël	147	L'Adieu	184
Le Corrége	149		

LAZARE

Prologue	191	Le Fouet	237
Londres	195	Les Mineurs de Newcastle	240
Bedlam	197	Le Joujou du Sultan	245
Le Gin	203	Westminster	250
Le Minotaure	208	Les Hustings	260
Les belles collines d'Irlande	215	Le Pilote	266
		Shakspeare	269
La Lyre d'airain	218	Le Spleen	273
Conscience	227	La Nature	279
La Tamise	229	Épilogue	287

PARIS. — IMPRIMERIE DE J. CLAYE, RUE SAINT-BENOIT, 7.

www.ingramcontent.com/pod-product-compliance
Lightning Source LLC
Chambersburg PA
CBHW070822170426
43200CB00007B/873